Alexander Pollak

Zwanzig Erfolgsfaktoren der extremen Rechten Zwanzig Gegenstrategien

Alexander Pollak

Zwanzig Erfolgsfaktoren der extremen Rechten

Zwanzig Gegenstrategien

Wie Deutschland aus den Fehlern Österreichs lernen kann

FSC
www.fsc.org
MIX
Papier aus verantwortungsvollen Quellen
Paper from responsible sources
FSC® C105338

Bibliografische Information der Deutschen Nationalbibliothek: Die Deutsche Nationalbibliothek verzeichnet diese Publikation in der Deutschen Nationalbibliografie; detaillierte bibliografische Daten sind im Internet über http://dnb.dnb.de abrufbar.

Herstellung und Verlag:
BoD – Books on Demand, Norderstedt

ISBN 978-3-7448-1950-3

Inhaltsverzeichnis

Vorwort

Es war wenige Tage nach der ersten Runde der österreichischen Bundespräsidentenwahl 2016, als mir erstmals die Idee kam, eine Warnung aus Österreich an Deutschland zu schreiben. Ich hielt mich auf Einladung der deutschen Bundeszentrale für politische Bildung in Kassel auf, um über die Hintergründe des Aufstiegs der populistischen und extremen Rechten in Österreich zu referieren und mich anschließend einer Diskussion zu stellen. Als ich meinem deutschen Publikum sagte, dass der Kandidat der FPÖ realistische Chancen hätte, in der anstehenden Stichwahl zum österreichischen Bundespräsidenten gewählt zu werden, erntete ich fassungslose Blicke.

Mir wurde in diesem Moment bewusst, dass es für viele in Deutschland nahezu denkunmöglich ist, dass ein Vertreter der extremen Rechten im eigenen Land in eine hohe politische Machtposition gelangen könnte. Das beeindruckte mich. Es bereitete mir aber auch Sorgen. Denn in Deutschland könnten die gleichen Fehler wiederholt werden, die in Österreich und anderen Ländern den steilen Aufstieg von populistischen und extremistischen Rechtsgruppierungen ermöglicht haben. Vielleicht bräuchte es eine Warnung an Deutschland?

Zurück in Wien verschwand diese Idee wieder aus meinem Kopf. Sie kam erst wieder, als ich einige Monate später erneut zu einer Diskussion über Rechtspopulismus nach Deutschland eingeladen war. Brisanterweise stand auch bei meiner zweiten Deutschlandreise noch nicht fest, wer österreichischer Bundespräsident werden würde. Die erste Stichwahl musste aufgrund von Rechtsverstößen wiederholt werden und die Wahlwiederholung musste wegen fehlerhafter Wahlkuverts verschoben werden.

Erneut sollte ich über das Thema „Rechtspopulismus“ sprechen. Diesmal in Bad Urach, nahe bei Stuttgart. Wieder stand ich dem Publikum Rede und Antwort zu den Ursachen der Wahlerfolge der Rechten in Österreich. Das war für mich der ausschlaggebende Anstoß, um mein Buchprojekt zu starten. Ich begann, meine Gedanken und Beobachtungen über die Erfolgsfaktoren der Rechten, die Fehlentwicklungen in Österreich und die Lehren, die in Deutschland daraus gezogen werden können, ausführlicher zu Papier zu bringen.

Ob ein Land tatsächlich aus den Fehlern eines anderen Landes lernen kann? Ich denke, die Möglichkeit besteht, und sie sollte genutzt werden. Denn jetzt ist der Augenblick, in dem die Menschen und Institutionen in Deutschland noch die Chance haben, entscheidende Schritte zu setzen.

Jetzt ist der Zeitpunkt, wo gehandelt werden muss, damit rechtspopulistische und rechtsextrem durchsetzte politische Kräfte in Deutschland nicht ähnlich große und vor allem nachhaltige Wahlerfolge feiern wie in Österreich.

Die folgenden Analysen und Ratschläge speisen sich aus meinen persönlichen und beruflichen Beobachtungen. Eine besondere Rolle spielen dabei die Erfahrungen, die ich in meiner Funktion als Sprecher der österreichischen Menschenrechtsorganisation „SOS Mitmensch" gemacht habe – einer Organisation, die vor bald 25 Jahren als Gegenpol zu rassistischen Tendenzen in Österreich und zum Aufstieg der FPÖ unter ihrem damaligen Obmann Jörg Haider gegründet wurde.

Als Haider Anfang der 90er Jahre verkündete, ein Anti-Ausländer-Volksbegehren mit dem Titel „Österreich zuerst" abhalten zu wollen, kam es zu einer bis dahin einzigartigen zivilgesellschaftlichen Mobilisierung in Österreich. Knapp 300.000 Menschen nahmen im Januar 1993 am von „SOS Mitmensch" organisierten Lichtermeer gegen das Volksbegehren der FPÖ teil. Nie zuvor waren in Österreich nach 1945 so viele Menschen für ein Anliegen auf die Straße gegangen. Niemand hatte im Vorfeld mit so viel Zuspruch gerechnet. Das kurz darauf abgehaltene FPÖ-Volksbegehren blieb demgegenüber unter den Erwartungen der

Initiatoren. Mit knapp über 400.000 innerhalb eines Zeitraums von einer Woche gesammelten Unterschriften liegt es deutlich außerhalb der Top Zehn der meistunterzeichneten österreichischen Volksbegehren.

Der Dämpfer für die FPÖ hielt jedoch nicht lange an. Sehr bald konnte die Partei die nächsten Wahlerfolge verbuchen. Und sieht man sich die Gesamtentwicklung anhand der Wahlergebnisse und Umfragen in Österreich an, könnte man zu dem Schluss kommen, das antirassistische Projekt von „SOS Mitmensch“ sei durchwegs gescheitert. Doch in vielen Bereichen wurde die Wirkungsmacht der aufstrebenden extremen Rechten erheblich eingebremst, insbesondere in der Phase ihrer Regierungsbeteiligung in den Jahren 2000 bis 2006.

Die FPÖ konnte bisher weder als Oppositionspartei noch als Regierungspartei etwas daran ändern, dass Österreich ein Land der Herkunftsvielfalt war und heute wohl mehr denn je ist. Zwar wurde von den zwölf Forderungen, die die FPÖ in ihrem Anti-Ausländer-Volksbegehren erhoben hatte, nach und nach die Hälfte umgesetzt, aber die zwei fundamentalsten Forderungen wurden nicht erfüllt: Weder wurde in der Verfassung festgeschrieben, dass das Ein- und Auswanderungsland Österreich „kein Einwanderungsland“ sei, noch ist es jemals zu der von der FPÖ geforderten totalen Abschottung – dem sogenannten „Einwanderungsstopp“ – gekommen. Mit dem klaren Votum für einen Beitritt zur Europäischen Union und der damit verbundenen Öffnung der Grenzen Österreichs zu seinen EU-Nachbarstaaten hatte die österreichische Bevölkerung 1994 sogar überraschend deutlich „Nein“ zu einer Politik der Selbstisolation gesagt.

Was die FPÖ jedoch tun konnte und seit 1986 permanent macht, ist, Sand in das Getriebe des Zusammenlebens zu streuen, indem sie Ängste, Neid und Vorurteile schürt, Feindbilder kreiert und Druck in Richtung sozialer und rechtlicher Ungleichbehandlung von Menschen aufgrund ihrer Herkunft, Nationalität und Religion macht.

Der Schaden, den die FPÖ dabei anrichtet, ist beachtlich. Das Geschäft mit gesellschaftlicher Spaltung und dem Schüren negativer Emotionen floriert. Und die beiden unter Druck geratenen Zentrumsparteien SPÖ und ÖVP suchen immer öfter inhaltlich und machtpolitisch die Nähe zur populistischen und extremen Rechten.

Mit dieser Schrift möchte ich einen Denkanstoß liefern. Ich will beleuchten, was aus meiner Sicht in Österreich in den vergangenen 30 Jahren falsch gelaufen ist und warum es in diesem Zeitraum, von einem kurzen Einbruch abgesehen, für die extreme Rechte nahezu ständig in der Wählergunst bergauf ging. Ich will zeigen, was heute in Österreich noch immer schiefläuft – und inzwischen zum Teil auch in Deutschland. Und ich möchte einige Handlungsempfehlungen geben, was getan werden muss, um die Erfolge der Rechten einzubremsen und um zu verhindern, dass Vertreter der extremen Rechten in Machtpositionen gelangen.

Deutschland kann aus den Entwicklungen in seinem kleinen Nachbarland lernen. Es soll, ja, ich finde, es muss es tun.

Einleitung

Österreich steht an der Kippe zu einem politischen Dammbruch. Eine inhaltlich und personell rechtsextrem durchsetzte Partei, die Freiheitliche Partei Österreichs (FPÖ), hat realistische Chancen, stimmenstärkste politische Kraft zu werden. Der Bundespräsidentschaftskandidat der FPÖ, Norbert Hofer, verfehlte sein Ziel, in eines der höchsten Ämter des Staates gewählt zu werden, nur haarscharf. Rechtspopulistische und rechtsextreme Personenkreise können darauf hoffen, demnächst in Österreich auf nationaler Ebene in wichtige Machtpositionen zu gelangen.

In einigen Bundesländern haben sie das bereits geschafft. Im an Ungarn grenzenden Burgenland regiert die Sozialdemokratische Partei (SPÖ) seit der Landtagswahl 2015 zusammen mit der FPÖ. Im gleichen Jahr schloss im Bundesland Oberösterreich, das an Bayern und Tschechien angrenzt, die bis dahin mit den Grünen regierende konservative Volkspartei (ÖVP) ein Arbeitsübereinkommen mit der FPÖ.

Doch woher rührt die Stärke der populistischen und extremen Rechten in Österreich? Was hat sie so weit nach oben gebracht? Und welche Gegenstrategien bieten sich für diejenigen an, die für eine weltoffene Demokratie und gegen die Wiederkehr von radikalem Nationalismus und gruppenbezogener Menschenfeindlichkeit eintreten?

Bevor ich auf die Faktoren eingehe, die die Rechten stark und ihre Gegner schwach gemacht haben, und bevor ich daran anschließend Handlungsempfehlungen für eine Stärkung der demokratischen und weltoffenen politischen Kräfte abgebe, möchte ich einen kurzen Blick auf die Geschichte des Aufstiegs der extremen Rechten in Österreich werfen. Diese Geschichte fördert bereits einige interessante Antworten auf die Frage zutage, wie dieser Aufstieg hätte verhindert oder zumindest eingebremst werden können.

Aufstieg der extremen Rechten in Österreich

Nach dem Fall des nationalsozialistischen Regimes bildete sich in Österreich ein politisches System heraus, das einen wichtigen Grundstein für den späteren Erfolg der populistischen und extremen Rechten beinhalten sollte, nämlich die Machtaufteilung zwischen den zwei Parteien SPÖ und ÖVP und ihren Vorfeld- und Umfeldorganisationen.

Unmittelbar nach der Staatsgründung im April 1945 übernahm unter Aufsicht der Alliierten eine Drei-Parteien-Regierung von ÖVP, SPÖ und der Kommunistischen Partei (KPÖ) die Staatsgeschäfte. Bis zu den ersten Wahlen nach Kriegsende im November 1945 vereinigte diese Regierung, aufgrund des Fehlens eines Parlamentes, Gesetzgebung und Vollziehung. Nach dem schwachen Abschneiden der KPÖ bei den Wahlen 1945 – sie erhielt nur etwa fünf Prozent der Stimmen – erfolgte bald der Übergang zu einer Zwei-Parteien-Regierung zwischen ÖVP und SPÖ.

Seit 1945 wurde jede österreichische Bundesregierung entweder von der SPÖ oder der ÖVP angeführt und in mehr als der Hälfte des Zeitraumes von beiden Parteien zusammen gebildet. In den 72 Jahren seit Ende des Zweiten Weltkriegs regierten SPÖ und ÖVP mehr als 45 Jahre gemeinsam, 13 Jahre lang regierte die SPÖ alleine, vier Jahre lang die ÖVP alleine, drei Jahre gab es eine SPÖ-FPÖ-Regierung und sieben Jahre eine ÖVP-FPÖ-Regierung.

Das politische System in Österreich nach 1945 beinhaltete aber neben der Machtaufteilung zwischen SPÖ und ÖVP noch einen zweiten Grundstein für den späteren Erfolg der populistischen und extremen Rechten: die Staatsdoktrin von Österreich als erstem Opfer NS-Deutschlands. Die freiwillige und aktive Teilnahme von erheblichen Teilen der österreichischen Bevölkerung am Nationalsozialismus wurde über Jahrzehnte gezielt unter den Tisch gekehrt.

Die Historikerin Heidemarie Uhl spricht in diesem Zusammenhang von drei ausgeprägten „blinden Flecken“, die Österreich in den ersten Nachkriegsjahrzehnten mitprägten: die weitgehende Ausblendung der Verfolgung der jüdischen Österreicherinnen und Österreicher durch ihre Mitbürger, die Begeisterung weiter Bevölkerungskreise für den „Anschluss“ und als dritten Punkt die für viele selbstverständliche Teilnahme am Zweiten Weltkrieg.

Die von offizieller politischer Seite lange gepflegte Opfergeschichte Österreichs hatte zur Folge, dass sich parallel dazu gesellschaftliche und politische Kreise bildeten, in denen die vom Staat vertretene Opfererzählung nicht galt. In diesen Kreisen kursierte eine ganz andere Opfergeschichte, nämlich die, dass man Opfer eines verlorenen Krieges, einer Besatzung durch die Alliierten und einer mangelnden Anerkennung der Leistungen und des Leidens im Krieg sei.

Im Jahr 1949 kam es zur Gründung des Verbands der Unabhängigen (VdU), als politische Vertretung ehemaliger NSDAP-Mitglieder, Kriegsheimkehrer und deutschsprachiger Vertriebener. Nach dem Abzug der Alliierten aus Österreich im Jahr 1955 wurde die Freiheitliche Partei Österreichs gegründet, die bald darauf den Großteil des VdU absorbierte.

Erster Parteiobmann der FPÖ war der ehemalige SS-Brigadeführer Anton Reinthaler. Auf Reinthaler folgte der ehemalige SS-Obersturmführer Friedrich Peter als Parteiobmann. Unter Peter kam es ab den 1960er Jahren zu einer Annäherung der FPÖ an die SPÖ.

Peter versuchte seine Partei regierungs- und koalitionsfähig zu machen und bemühte sich um ein liberaleres Image der FPÖ. Auch seine Nachfolger setzten diese Bemühungen fort. Mit dem Erfolg, dass es nach den Nationalratswahlen 1983, als die SPÖ die absolute Stimmenmehrheit verlor und die FPÖ mit fünf Prozent der Stimmen das schwächste Ergebnis ihrer Geschichte erzielte, zu einer Koalitionsregierung zwischen SPÖ und FPÖ kam.

Die FPÖ war in der Koalition weiterhin um ein liberales Image bemüht. Diese FPÖ-Strategie änderte sich jedoch schlagartig im Jahr 1986, als der rechtsnationale Obmann der Kärntner FPÖ, Jörg Haider, zu einer Kampfabstimmung um den FPÖ-Bundesparteivorsitz antrat und gewann. Die SPÖ kündigte daraufhin umgehend die Koalition mit der FPÖ auf. Es kam zu Neuwahlen und, wie schon zwischen den Jahren 1945 und 1966, zur Bildung einer großen Koalition bestehend aus SPÖ und ÖVP.

Haider machte aus der FPÖ eine rechtspopulistische Partei mit nationalistischem und fremdenfeindlichem Einschlag und einem starken rechtsextremen Flügel. Unter Haider feierte die FPÖ, bis zu ihrem Regierungseintritt Anfang 2000, Wahlerfolge in Serie.

Zwei thematische Stoßrichtungen waren für die Erfolge der FPÖ unter Haider entscheidend: zum einen die scharfe Kritik an der proporzmäßigen Machtaufteilung des Landes durch SPÖ und ÖVP und zum anderen das Schüren von Neid, Missgunst, Angst und Hass gegenüber Ausländern. Haider führte das Spiel mit Sündenböcken wieder als politisches Programm ein. Darüber hinaus positionierte sich die FPÖ unter Haider auch als jene politische Kraft, die am vehementesten gegen eine kritische Auseinandersetzung mit der NS-Vergangenheit auftrat und immer wieder durch positive Anklänge an den Nationalsozialismus aufhorchen ließ.

Haider war es auch, der jenen Kommunikationsstil entwickelte und nahezu perfektionierte, der maßgeblich für die Erfolge der FPÖ wurde. Doch während Rechtspopulisten in ganz Europa den Kommunikationsstil der FPÖ studierten und kopierten, scheuten die Vertreterinnen und Vertreter der Zentrumsparteien lange die Auseinandersetzung mit dieser Art zu kommunizieren. Auf dieses Thema werden wir noch zu sprechen kommen.

Nach der Wahl 1999 kam es erstmals zur Bildung einer Koalition zwischen ÖVP und FPÖ. Zwar stellten, wie schon in den Jahren zuvor, die Sozialdemokraten die stimmenstärkste Partei, doch in der auf Platz drei abgesackten ÖVP regte sich Widerstand gegen eine erneute große Koalition. ÖVP-Obmann Wolfgang Schüssel witterte die Chance, den Bundeskanzlersessel zu erklimmen. Und tatsächlich überließ FPÖ-Obmann Jörg Haider dem ÖVP-Obmann die Position des Bundeskanzlers. Haider selbst zog sich politisch in das Bundesland Kärnten zurück, wo er gewählter Landeshauptmann war. Seine Stellvertreterin Susanne

Riess-Passer übernahm die Funktion als Vizekanzlerin.

Der Eintritt der FPÖ in die Bundesregierung löste in Österreich, aber auch in vielen anderen europäischen Ländern, eine Welle des Protests aus. In Österreich kam es zu Großdemonstrationen und wöchentlichen Protestmärschen. Der damalige Bundespräsident Thomas Klestil lehnte mehrere Ministervorschläge der FPÖ ab. Darüber hinaus führte der öffentliche Druck dazu, dass die Regierung eine einleitende Präambel zu ihrer Regierungserklärung verfasste. Darin erklärte sie „ihre unerschütterliche Verbundenheit mit den geistigen und sittlichen Werten, die das gemeinsame Erbe der Völker Europas sind“. Darüber hinaus versprach die ÖVP-FPÖ-Regierung, dass sie „für Respekt, Toleranz und Verständnis für alle Menschen, ungeachtet ihrer Herkunft, Religion oder Weltanschauung“ eintreten würde. Zu ihrer Angelobung mussten die Mitglieder der Bundesregierung durch einen unterirdischen Gang schreiten, da oberirdisch Tausende Demonstranten protestierten. Vonseiten der übrigen 14 EU-Länder wurden die bilateralen diplomatischen Beziehungen zu Österreich auf Minister- und Kanzlerebene eingefroren.

Es ist mehr als fraglich, ob heutzutage ein neuerlicher Regierungseintritt der FPÖ ähnlich scharfe Reaktionen hervorrufen würde. Zu weit ist die Normalisierung der extremen Rechten in Österreich, aber auch in anderen Ländern Europas vorangeschritten.

Bald nach dem Regierungseintritt der FPÖ im Jahr 2000 kam es zum Absturz der Partei in der Wählergunst und zu internen Streitigkeiten. Es wurde klar, dass sich die Partei denkbar schlecht auf den Regierungseintritt vorbereitet hatte, viele Erwartungen nicht erfüllen konnte und auch nicht über das nötige Personal verfügte, um Ministerposten gut zu besetzen. Nach 26,9 Prozent bei der Wahl 1999 stürzte die FPÖ bei der Wahl 2002 auf nur noch zehn Prozent der Stimmen ab.

Die Spannungen innerhalb der FPÖ wuchsen und führten schließlich im Jahr 2005 zur Spaltung der Partei. Jörg Haider gründete das Bündnis Zukunft Österreich (BZÖ). Heinz-Christian Strache übernahm die Obmannschaft der FPÖ. Strache verordnete seiner Partei einen strammen Rechts- und Oppositionskurs. Personal vom äußersten rechten Rand gewann zunehmend an Gewicht, während opportunistische und liberal-nationale Funktionärinnen und Funktionäre in die hinteren Reihen gedrängt wurden oder die Partei verließen.

Strache gelang es, die auf ihren Kern geschrumpfte FPÖ wieder zu stabilisieren. Er erreichte bei der Wahl 2006 knapp über elf Prozent der

Stimmen. Als im Anschluss an diese Wahl eine große Koalition gebildet wurde, setzte die FPÖ wieder zum Höhenflug an. Sie erreichte 17,5 Prozent bei der Wahl 2008 und übersprang im Jahr 2013 die 20-Prozent-Grenze.

Inzwischen liegt die FPÖ in Umfragen bei 30 Prozent oder sogar darüber. Seit der Wiederkehr der großen Koalition Anfang 2007 konnte die FPÖ ihren Stimmenanteil in der Wählergunst nahezu verdreifachen.

Frontenbildung als Geschäftsmodell

Die Basis des politischen Geschäftsmodells der FPÖ ist die Frontenbildung entlang von Kriterien wie Staatszugehörigkeit, Herkunft, Hautfarbe und Religion sowie die Ablehnung der Gleichwertigkeit homosexueller Lebensgemeinschaften. In den vergangenen zehn Jahren wurden insbesondere die Flüchtlingsaufnahme und die Anwesenheit von Musliminnen und Muslimen in Österreich für das Geschäftsmodell der Frontenbildung genutzt.

Geflüchtete Personen, Einwanderer und andere als „fremd" wahrgenommene Menschen eignen sich vor allem dort sehr gut als Feindbild, wo es kaum Kontakt zu ihnen gibt. Dann ist der Spielraum groß, Ängste, Misstrauen und Unzufriedenheit in diese Menschen hineinzuprojizieren. Jeder Fall von Fehlverhalten und insbesondere jeder Verbrechensfall, der von einem dieser Menschen ausgeht, kann zur Bestätigung von Ängsten und Vorurteilen sowie zur Aufwiegelung benutzt werden – und die FPÖ tut das systematisch.

Allerdings: Die Flüchtlingsaufnahme erklärt den Aufwind der populistischen und extremen Rechten in Österreich nur zum Teil. Die FPÖ steht heute in Umfragen nicht besser da als vor der Öffnung der Grenzen für Asylbewerber im August 2015. Ihren größten Aufschwung erlebte die extreme Rechte bereits vor der Grenzöffnung, als die FPÖ im Zeitraum April bis September 2015 in Umfragen innerhalb weniger Monate um sieben Prozentpunkte zulegte. Danach verlor die FPÖ wieder etwas an Boden, bevor sie ab Februar 2016, also nach den Silvester-Übergriffen auf Frauen in Köln und ab der Schließung der Balkan-Flüchtlingsroute, wieder dazugewann. Ihren Umfragenhöchststand erreichte die FPÖ im Juli 2016 mit 35 Prozent. Zum Zeitpunkt des Verfassens dieses Buches hält sie wieder bei etwa 30 Prozent.

Das heißt: In der Hochphase des zivilgesellschaftlichen Engagements und der sogenannten Willkommenskultur konnte die FPÖ nicht dazugewinnen. Das ist eine Erkenntnis, die uns im Weiteren noch beschäftigen wird.

20 Erfolgsfaktoren der extremen Rechten

Was macht nun die populistische und extreme Rechte so attraktiv für die Wählerschaft? Wie gelingt es ihr, trotz Fehltritten, Skandalen, internen Streitigkeiten, Spaltungen und zwischenzeitlichen Tiefs, immer wieder neu zu mobilisieren? Ich werde im Folgenden 20 Faktoren nennen, auf denen der Erfolg der FPÖ in Österreich aufbaut. Es handelt sich zum Teil um strukturelle Faktoren, die im politischen, medialen und gesellschaftlichen System eingeschrieben sind, und zum Teil um kommunikative Mittel, die von den Rechten zu ihrem Vorteil verwendet, weiterentwickelt und von den Zentrumsparteien über Jahrzehnte sträflich vernachlässigt wurden.

Ich habe versucht, die 20 Faktoren nach ihrem Gewicht für den Erfolg der populistischen und extremen Rechten zu reihen. An jeden dieser Faktoren schließe ich einen Warnhinweis für Deutschland an.

1. Die große Koalition

Starkmacher Nummer eins für die FPÖ war und ist das Regierungsmodell der großen Koalition. Der Erfolgslauf der FPÖ begann, als die große Koalition im Jahr 1986 – nach 20 Jahren Pause –

wiederbelebt wurde. Unterbrochen wurden die Wahlerfolge der FPÖ nur in der Phase zwischen 2000 und 2006, als es keine große Koalition gab. Als Anfang 2007 erneut eine große Koalition gebildet wurde, ging es mit dem Stimmenanteil der FPÖ wieder rasant bergauf.

Große Koalitionen bringen fundamentale Probleme für das demokratische Gefüge mit sich, und zwar ganz besonders dann, wenn diese Regierungsform zur Dauereinrichtung wird. Wenn beide großen Zentrumsparteien die Regierung bilden, wird das Wechselspiel zwischen Regierung und Opposition gestört. Eine Abwahl der Regierung ist dann nur bei einer Abwahl beider Zentrumsparteien möglich. Das heißt, wer in Österreich die SPÖ-ÖVP-Regierung loswerden will, darf weder SPÖ noch ÖVP wählen, sondern muss auf andere, tendenziell näher am politischen Rand angesiedelte Parteien ausweichen.

Verstärkt wird dieser Effekt durch die schwindende Unterscheidbarkeit der Zentrumsparteien, wenn diese über einen längeren Zeitraum eine gemeinsame Regierung bilden. Das Profil der beiden Parteien wird verschwommener – umso reizvoller erscheint es dann, eine Oppositionspartei mit scharfem, kantigem Profil zu wählen.

In Österreich profitierte von der großen Koalition unter allen Oppositionsparteien am stärksten die FPÖ. Das hat mit ihrem Kommunikationsstil zu tun, den wir noch näher beleuchten werden, aber auch damit, dass sie die härteste Oppositionslinie verfolgt.

In diesem Punkt unterscheidet sich Deutschland von Österreich: Während es in Österreich mit der FPÖ nur eine starke rechte Wutpartei gibt, die den Großteil der Proteststimmen einsammeln kann, gibt es in Deutschland ein breiteres Wutparteienspektrum, zu dem auch eine linksgerichtete Protestpartei zählt.

Große Koalitionen hatten in Österreich lange Zeit den Ruf, sehr stabil zu sein und besonders geeignet dafür zu sein, große Beschlüsse zu fassen und wichtige Reformen umzusetzen. Doch in der Wahrnehmung vieler Menschen ist mittlerweile der Eindruck entstanden, die Zentrumsparteien würden sich aus Gründen des puren Machterhalts aneinanderklammern. Während in nahezu ganz Europa nach Ausbruch der Finanzkrise amtierende Regierungen abgewählt und Regierungskonstellationen geändert wurden, waren in Österreich SPÖ und ÖVP selbst durch herbe Wahlniederlagen nicht aus der Regierung zu bringen.

Doch zwischenzeitlich drohte der vormals großen Koalition der totale Absturz. Kamen SPÖ und ÖVP im Jahr 1986 noch zusammen auf mehr als 84 Prozent der Stimmen, so waren es bei der Wahl

2013 gerade einmal noch 50,8 Prozent. Doch damit war der Tiefpunkt noch nicht erreicht. Im Verlauf der Regierungsperiode rutschten die beiden Parteien in vielen Umfragen gemeinsam bereits unter die 50-Prozent-Marke. Mit einem solchen Wahlergebnis wäre die große Koalition mit einem lauten Paukenschlag Geschichte. Durch den Rücktritt von Bundeskanzler Werner Faymann und die Übernahme der Amtsgeschäfte durch seinen Nachfolger Christian Kern konnte sich die große Koalition allerdings wieder stabilisieren und sogar etwas an Boden gutmachen.

Es erscheint aufgrund dieser Neuaufstellung nun nicht mehr ausgeschlossen, dass SPÖ und ÖVP ein weiteres Mal zusammen mehr als die Hälfte der Stimmen und Mandate erhalten könnten.

Dennoch die Warnung Nummer eins an Deutschland: Die große Koalition ist auf Dauer gesehen ein gefährliches Regierungsmodell. Demokratische Spielräume werden eingeschränkt und politische Außenkräfte werden gestärkt. In Österreich hat sich die große Koalition als Lebenselixier für die extreme Rechte erwiesen. Für die beiden großen Zentrumsparteien ist die gemeinsame Koalition wie eine Droge, die rasch keinen Kick mehr bietet, sondern nur noch das Festklammern an der Regierungsmacht bewirkt.

Je länger diese Droge konsumiert wird, je mehr die große Koalition zur Dauereinrichtung wird, desto schwieriger wird für die Zentrumsparteien der Entzug. In Österreich hat die große Koalition wesentlich dazu beigetragen, die populistische und extreme Rechte so stark zu machen, dass es nahezu keine Regierungsvariante mehr ohne sie gibt.

2. Populisten und Extremisten bestimmen die Themen

„Ich werde Dinge sagen, die absolut berichtenswert sind, Dinge, die Aufmerksamkeit auf mich lenken. Und für alle anderen Kandidaten wird kein Sauerstoff mehr zum Atmen übrig bleiben. Und wenn das Interesse an mir geringer wird und sich die Kameras auf andere Kandidaten richten, dann sage ich wieder etwas Unerhörtes. So fallen alle anderen Kandidaten aus dem Rennen und so gewinne ich die Wahl." Mit diesen Worten erläuterte Donald Trump seine Strategie für die amerikanische Präsidentenwahl, wie sein Weggefährte Michael Caputo berichtete.

Populistische Politiker und Parteien beherrschen es ausgezeichnet, Äußerungen auf eine Weise zuzuspitzen und so zu provozieren, dass sie immer wieder die politische Tagesordnung bestimmen. Wenn sie dabei über das Ziel hinausschießen und sich massiver Kritik ausgesetzt sehen, rudern sie etwas zurück, um dann gleich wieder in den Angriffsmodus überzugehen und die eigenen Botschaften unter die Menschen zu bringen.

Wesentlich früher und deutlich konsequenter als andere Parteien hat die populistische und extreme Rechte sich mit der Mediengesellschaft beschäftigt und verstanden, dass der Kampf um den politischen Erfolg ganz wesentlich ein Kampf um mediale Aufmerksamkeit ist.

Dazu muss dem Medienpublikum durch provokatives Verhalten Gesprächsstoff – und auch Entertainment – geboten werden, selbst dann, wenn man dabei im ersten Moment nicht immer gut aussteigt. Mittelfristig lohnt es sich, begehrter Interviewpartner, Coverbild, Talkshowgast und intensiv beobachteter und analysierter politischer Reibebaum zu sein. Denn Populisten und Extremisten sind immer für eine Überraschung, einen Eklat, eine Schlagzeile gut.

Auf diese Weise schaffte es die FPÖ in Österreich über 30 Jahre – seit Jörg Haider die Obmannschaft übernahm –, mehr Aufmerksamkeit und Interesse auf sich zu ziehen als die anderen politischen Parteien. Die FPÖ lebt davon, dass sie sich ständig im Gespräch hält und damit auch dauernd die Gelegenheit bekommt, ihre Themen,

Aussagen und Bilder im Scheinwerferlicht der Öffentlichkeit zu platzieren. Es verwundert daher auch nicht, dass Anfang 2017 ein internes Papier der Alternative für Deutschland (AfD) bekannt wurde, wonach „sorgfältig geplante Provokationen" als Parteistrategie für das „Superwahljahr" ausgegeben wurden.

Die Effekte des erfolgreichen Ringens um Aufmerksamkeit werden noch verstärkt, wenn sich Journalisten und politische Gegner damit zu profilieren versuchen, möglichst jede Provokation aufzugreifen und zu erwidern oder bloßzustellen, meist ohne zu unterscheiden, ob es sich um eine Provokation handelt, die den Provokateuren schadet oder nutzt. Als etwa die AfD-Obfrau Frauke Petry auf Facebook ein Bild postete, auf dem die tunesische Flagge zu sehen war und darüber der Slogan „Kuscheln mit Erdogan verhöhnt die Demokratie", wurde das sofort von Medien und vielen Personen in sozialen Netzwerken aufgegriffen. Petry erntete Häme für die falsche Flagge. Doch sie erntete auch enorme Aufmerksamkeit für ihren Slogan, und zwar in einem Ausmaß, das sie nie erreicht hätte, wenn sie von Anfang an die richtige Flagge gepostet hätte. Nach wenigen Stunden löschte das Team von Petry das Erdogan-Posting mit der tunesischen Flagge und ersetzte es durch eines mit der türkischen. Die Mission war erfüllt.

Die AfD hatte große Aufmerksamkeit bekommen und sich als *die* Anti-Erdogan-Partei positionieren können – und ein Großteil der Medien und viele Menschen in sozialen Netzwerken haben brav mitgespielt.

Wie wirksam Provokationsstrategien sind, zeigt auch das folgende Beispiel. Der AfD-Landesobmann von Nordrhein-Westfalen, Marcus Pretzell, twitterte kurz nach dem Lkw-Terroranschlag auf einen Berliner Weihnachtsmarkt: „Wann schlägt der deutsche Rechtsstaat zurück? Wann hört diese verfluchte Heuchelei endlich auf? Es sind Merkels Tote! #Nizza #Berlin." Die Aussage „Es sind Merkels Tote!" war eine kalkulierte Provokation, die ihr Ziel nicht verfehlte. Dieser Satz wurde in allen Medien zitiert. Er sorgte dafür, dass in Teilen der Medien nicht mehr die eigentlichen Hintergründe des Terrors diskutiert wurden, sondern die Frage, ob es in Ordnung sei, zu sagen, Bundeskanzlerin Angela Merkel sei mit schuld an dem Anschlag und es seien „ihre Tote".

So auch in der Sendung „Hart aber fair" vom 16. Januar 2017. Dort wurde zum Auftakt des Wahljahres 2017 über „Sicherheit, Steuern, Rente – der Wahlcheck 2017!" diskutiert. Eingeladen waren Spitzenpolitikerinnen und -politiker von Union, SPD, Linken, Grünen, AfD und FDP. Als

Diskussionsaufhänger zum Thema „Sicherheit" dienten nicht etwa Aussagen von Expertinnen und Experten oder von Betroffenen, sondern der provokante Tweet von Pretzell. Das hatte zur Folge, dass nicht über Sicherheit gesprochen wurde, sondern einmal mehr etwas anderes in den Mittelpunkt der Diskussion rückte: die AfD und die von ihr aufgeworfene Frage „Trägt Angela Merkel eine Mitverantwortung für den islamistischen Terror des vergangenen Jahres?".

Daher die Warnung Nummer zwei an Deutschland: Die populistische und extreme Rechte tut alles, um die Themenlage zu bestimmen und unsere ungeteilte Aufmerksamkeit zu erhalten. Sie hat herausgefunden, wie man Gegner zu Mitspielern machen kann: Indem sie Kritik üben, verbreiten sie oftmals zugleich die Botschaften und Bilder der Rechten und werden ungewollt zu einem wichtigen Rädchen in ihrer Aufmerksamkeitsmaschinerie. Die Populisten bauen in ihre Aussagen und Bilder inzwischen gezielt Fehler ein, weil sie wissen, dass ihnen das eine Welle der Aufmerksamkeit bringt. Wenn es nicht gelingt, die rechte Themenhoheit zu durchbrechen und das reflexhafte Hereinfallen auf einfachste Tricks der Aufmerksamkeitserzeugung abzustellen, wird die populistische und extreme Rechte weiter im Vorteil bleiben. Wir haben verlernt, eigene Themen zu setzen, und wir haben verlernt, klar zu unterscheiden, wann es auf Provokationen und Fehltritte eine Reaktion geben muss, weil es sich um massive Grenzverletzungen handelt, und wann es besser ist, nicht auf eine Provokation zu reagieren. Wie gefinkelt die Rechte sich Vorteile verschafft, zeigen auch die folgenden Erfolgsfaktoren der Rechten, ihr Beherrschen des Spiels mit Emotionen und ihr geschicktes Bedienen der Klaviatur von Boulevardmedien und sozialen Netzwerken.

3. Rechte beherrschen das Setzen von Erzählrahmen und das Spiel mit Emotionen

Dieser Tage ist viel vom Zeitalter des „Postfaktischen“ die Rede. Wahrheitsgemäße Aussagen und korrekte Informationen würden heute nicht mehr so viel zählen wie früher, und politische Erfolge würden immer häufiger auf Falschinformationen und gezielt gestreuten Gerüchten aufbauen, so die Wahrnehmung vieler Menschen. Der Wahlsieg von Donald Trump, trotz der unzähligen Unwahrheiten, die er und sein Umfeld verbreitet haben und noch immer verbreiten, gilt als bisheriger „Höhepunkt“ des Zeitalters des Postfaktischen.

In Österreich brach dieses Zeitalter, wenn auch noch ohne Internet als Beschleuniger, bereits vor

30 Jahren an. Unter ihrem Obmann Jörg Haider begann die FPÖ, ihre Kommunikation auf der Erkenntnis aufzubauen, dass Emotionen meist viel wirkungsmächtiger sind als Fakten. Haider hatte bereits früh in seiner politischen Karriere gelernt, dass es zur Schaffung von Wahrheiten in vielen Fällen keine Wahrhaftigkeit braucht, sondern vielmehr Beharrlichkeit und stetige Wiederholung. Das Hauptziel der Kommunikation der FPÖ wurde es, einen emotionalen Nerv zu treffen. Dazu zählt das Spiel mit nationalistischen und religiösen Identitäten ebenso wie das Schaffen von Feindbildgruppen.

Die Emotion, die Populisten und Extremisten am häufigsten instrumentalisieren, ist Angst. Angst versetzt uns in Unruhe und Alarmbereitschaft. Angst schärft unsere Aufmerksamkeit und sorgt dafür, dass Inhalte und Bilder die mit dieser Emotion verknüpft sind, stärker in unserem Gedächtnis haften bleiben. Die Aktivierung von Angst sorgt dafür, dass wir wissen wollen, vor wem wir uns fürchten müssen und wie wir gegen diejenigen, die schuld sind, dass wir uns fürchten müssen, vorgehen können.

Mit der Benennung von scheinbar klar erkennbaren, in sich geschlossenen und abgrenzbaren Feindgruppen erwecken Rechtspopulisten und Rechtsextreme den Eindruck des Wissens um Problemursachen und Problemlösungen. Sie vermitteln das Gefühl, dass sich Handlungsmacht und das „verloren gegangene Paradies“ durch Ausgrenzung und Ausschluss der als Feindkollektive markierten Menschen zurückgewinnen ließen.

Die Sprachwissenschaftlerin Ruth Wodak zeigt in ihrem Buch „Politik mit der Angst“, wie rechtspopulistische und rechtsextreme Parteien weltweit erfolgreich mit der Erzeugung und Verstärkung von Ängsten arbeiten. Wodak konstatiert, dass Rechtspopulismus in unterschiedlichen Ländern zwar unterschiedliche Entwicklungsgeschichten und Ausprägungen habe, aber eine zentrale Gemeinsamkeit aufweise: Nationale, ethnische, religiöse und/oder sexuelle Minderheiten werden als Sündenböcke für aktuelle Sorgen und Probleme instrumentalisiert. Beim Erschaffen und Benutzen solcher Sündenbock-Kollektive wird an Emotionen und an „den gesunden Menschenverstand“ appelliert. Faktenbasiertes, differenziertes Wissen und Aufklärung werden in den Hintergrund gedrängt.

Für die Sprachforscherin Elisabeth Wehling kommt noch ein weiterer kommunikativer Faktor hinzu, der oftmals eng mit dem Schüren von Emotionen verbunden ist. Dieser Faktor ist die Rahmenerzählung, die die Richtung vorgibt, wie einzelne Aussagen von Politikern und Parteien gedeutet und eingeordnet werden. Die Sprachwissenschaft spricht in diesem Zusammenhang von sogenannten „Frames“ (Rahmen).

Populisten wie etwa Trump seien erfolgreich in der Durchsetzung ihrer Deutung der Realität, weil sie ihre Deutung in einem starken Erzählrahmen verankern, so Wehling in einem Beitrag für den „Tagesspiegel“. Die Sprachforscherin betont, dass das Gehirn solche Rahmen „wie der Fisch das Wasser“ brauche, um Aussagen einordnen und bewerten zu können. So sei es Trump im amerikanischen Wahlkampf gelungen, sich als starker und strenger Entscheider zu präsentieren, der die Welt von seinem Twitter-Thron aus bewertet und in Gut und Böse einteilt. Seine Aussagen seien von vielen Amerikanerinnen und Amerikanern, unabhängig von ihrem Wahrheitsgehalt, in diesem „Starker Entscheider“-Erzählrahmen wahrgenommen worden. Und dieser Erzählrahmen sei eben auch durch unwahre Aussagen gestützt worden, weshalb ihm diese Unwahrheiten, wie auch die Kritik an ihnen, zumeist nicht geschadet, sondern genutzt hätten, so Wehling.

Diese Analysen bedeuten nicht, dass Fakten gar keine Rolle mehr spielen. Nur brauchen auch Fakten einen passenden Erzählrahmen und emotionale Anknüpfungspunkte, um Wirkung entfalten zu können. Der Erzählrahmen „Trump ist ein Lügner“ hat im amerikanischen Wahlkampf schlussendlich gegen den Erzählrahmen „Trump ist ein starker und strenger Entscheider“ den Kürzeren gezogen. Das mag auch damit zu tun gehabt haben, dass Politikerinnen und Politiker allgemein im Ruf stehen, oft zu lügen, während ihnen nicht generell nachgesagt wird, starke Entscheider zu sein. Welche Auswirkungen das schlechte Image der Politik auf die Erfolge der Rechten hat, werden wir später noch genauer besprechen.

Daher die Warnung Nummer drei: Die rechten Populisten und Extremisten verstehen es, ihre Gegner in einen ständigen Kleinkrieg gegen Provokationen, Falschbehauptungen und Verschwörungsgeschichten zu verwickeln, während die Rechten zugleich ihre Emotionen und Rahmenerzählungen ungehindert oder sogar mit Unterstützung ihrer Gegner verbreiten können. Auf Seiten derjenigen, die für eine weltoffene Demokratie und gegen die Wiederkehr von radikalem Nationalismus und Rassismus eintreten, fehlt es vielfach am Bewusstsein für die große Bedeutung von starken Rahmenerzählungen und Emotionen. Die Rechten profitieren auch von Institutionen, die es verabsäumt haben, eine Kontakt- und Wissensbasis zu schaffen, die dem Schüren von falschen Ängsten und Bildern vorbaut und vor der allzu leichten Verankerung von Vorurteilen und Generalisierungen gegen Feindbildgruppen schützt. Ganz besonders profitieren die Rechten von Medien, die sie aktiv bei ihrem Spiel mit Ängsten und Feindbildzuschreibungen unterstützen. In Österreich ist die Situation diesbezüglich besonders dramatisch.

4. Angst schürende Medien

Österreich ist ein Land mit einer extremen Medienkonzentration. Einige wenige Medien mit sehr hoher Reichweite dominieren die Berichterstattung. Allein die „Kronen Zeitung“ erreicht mit ihrer gedruckten Ausgabe 2,3 Millionen Leserinnen und Leser pro Tag. Das sind 31 Prozent der österreichischen Medienkonsumenten. Es folgt das Blatt „Heute“ mit knapp einer Million Leserinnen und Lesern und das Blatt „Österreich“ mit mehr als 600.000 Leserinnen und Lesern.

Alle drei Blätter vereint, dass sie auf Emotionen setzen, um ihre Leserschaft zu binden. Alle drei Blätter arbeiten gezielt mit Dramatisierungen. Insbesondere „Kronen Zeitung“ und „Österreich“ laden darüber hinaus ihre Berichte auch ethnisch, national oder religiös auf. Damit spielen sie dem Geschäftsmodell der populistischen und extremen Rechten in die Hände, das auf Angsterzeugung und Frontenbildung fußt. Zu diesem Geschäftsmodell gehört, dass Fälle von Fehlverhalten und Kriminalität, die in Medien abgebildet werden, für Generalisierungen und zur ethnischen, nationalistischen und religiösen Aufwiegelung genutzt werden.

Es ist kein Zufall, dass es in Österreich immer wieder zu einer nahezu symbiotischen Beziehung zwischen Medien, die dramatisieren und ethnisieren, und der FPÖ kommt. Der Chefredakteur der Online-Ausgabe der „Kronen Zeitung“, Richard Schmitt, berichtete in einem Interview mit dem Magazin „Fleisch“ im Sommer 2016 freimütig über das „Doppelspiel“ mit der FPÖ: „Keiner schaut mehr von sich aus auf krone.at, Kurier oder Standard, sondern sie wählen über Facebook und das, was dort geteilt wird, aus. Keiner ist mehr Stammkunde eines Mediums, und das hat die arrivierte Politik verschlafen. Nicht falsch verstehen, es ist nicht schlecht, wenn man am Sonntag in der Krone ist oder in Österreich sein Bild drin hat. Aber genauso wichtig ist, dass ich am Mittwoch oder Donnerstag auf Facebook einen Aufreger habe. Wenn Strache einen normalen Bericht von uns auf Facebook teilt, dann merken wir, das haut die Quote auf das 1,5-Fache hoch. Und umgekehrt kriegt er natürlich auch mehr Traffic, wenn wir ihn pushen. So ein Doppelspiel ist natürlich für die anderen Parteien gefährlich.“

Schmitt fügte hinzu: „Und auch da nicht falsch verstehen: Das könnten ÖVP und SPÖ natürlich auch machen. Sie machen es aber nicht … Ich hatte mal etwas [Negatives, Anm. d. Verf.] über Angela Merkel und die Willkommenskultur. Das hatte nur auf Facebook bereits 1,1 Millionen Leser – eine Dimension, die du sonst nie erreichst. Es ist wie am Stammtisch, ein digitaler Stammtisch, man will im Netz diskutieren. Und du brauchst deswegen Kommentare, musst provozieren, Gegnerschaft aufbringen."

Angetrieben werden Medien wie „Kronen Zeitung" und „Österreich" auch von rechten Pseudo- und Kampagnenmedien, die gezeigt haben, dass sich mit der Aufwiegelung gegen Feindbildgruppen eine hohe Reichweite erzielen lässt. Diese „alternativen" Medien speisen die Kampagnen der populistischen und extremen Rechten und nehmen eine immer wichtigere Rolle in ihren Informations- bzw. Desinformationsparallelwelten ein, wie wir im Folgenden näher besprechen werden.

Daher die Warnung Nummer vier: Wenn unseriöse Medien, die zu Dramatisierung, Ethnisierung und teilweise sogar zu Aufwiegelung neigen, maßgebliche Medienakteure sind, ist Feuer am Dach. Dann erfahren Populisten und Extremisten starken Rückenwind für ihr Geschäftsmodell der Frontenbildung. Verschärft wird die Problematik dadurch, dass immer mehr seriöse Medien online auf Bezahlangebote setzen. Das führt dazu, dass Beiträge solcher Medien nur noch von einer eingeschränkten Gruppe gelesen werden können – während zugleich die Beiträge unseriöser Medien frei verbreitet und konsumiert werden können. Diese zunehmende Schieflage kann erhebliche negative Auswirkungen auf unsere Demokratien haben, ebenso wie die schwindenden Skrupel von Boulevardmedien, Hand in Hand mit Populisten und Extremisten zu gehen, wenn es um das Schüren von Ängsten und das Aufwiegeln gegen Feindbildgruppen geht.

5. Pseudomedien und soziale Netzwerke als Brandstifter und Brandbeschleuniger

Eine Auswertung der Facebook-Aktivitäten von FPÖ-Obmann Heinz-Christian Strache, die von der österreichischen Zeitung „Der Standard" vorgenommen wurde, zeigt, dass die am meisten von ihm genutzten Medienquellen die Boulevardmedien „Kronen Zeitung" und „Österreich" sind. Gleich dahinter folgt eine FPÖ-nahe Kampagnenwebseite, die Anti-Flüchtlings- und Anti-Muslimen-Meldungen am laufenden Band produziert.

Zusätzlich zum Doppelspiel mit Boulevardmedien hat sich die FPÖ in Österreich also inzwischen eigene Online-Kampagnenmedien aufgebaut, die den passenden Stoff für die angestrebte Angsterzeugung und Frontenbildung liefern. Unter Zuhilfenahme dieser Seiten benutzt die populistische und extreme Rechte soziale Netzwerke als Beschleuniger, um ihre Botschaften und Emotionen rasend schnell unter ein breites Publikum zu bringen. Auch Falschmeldungen und Verschwörungsgeschichten werden auf diese Weise rasch in Umlauf gebracht.

Das Perfide daran ist, dass auch die Kritik an rechten Inhalten und Bildern oftmals zur Verbreitung ebendieser Inhalte und zur Verankerung der betreffenden Bilder in den Köpfen vieler Menschen beiträgt. Denn wer einen Artikel, ein Bild oder ein Video auf Facebook kritisch kommentiert oder mit einer kritischen Absicht teilt, trägt dazu bei, dass der betreffende Beitrag bei immer mehr Facebook-Nutzern in der Timeline auftaucht.

Inzwischen ist auch den größten Internetoptimisten klar geworden, dass sich soziale Netzwerke hervorragend zum Schüren von negativen Emotionen und zur Manipulation eignen. Soziale Netzwerke haben sich über weite Strecken zu Echokammern für die Bestätigung und Verfestigung von Haltungen entwickelt. Teilweise bilden sich regelrechte Hetzmeuten, die sich gegenseitig mit aggressiven Kommentaren hochschaukeln.

Für Aufsehen sorgte etwa der Fall einer Hassorgie, die auf der Facebook-Seite von FPÖ-Obmann Strache losbrach, nachdem dieser einen Artikel über einen psychisch kranken Syrer geteilt hatte. Der Syrer war in Wien auf das Dach einer Straßenbahn geklettert und hatte mit Suizid gedroht. Strache teilte einen Artikel der „Kronen Zeitung" über diesen Vorfall und kommentierte ihn mit dem Wort „Fassungslos!". Daraufhin folgten auf Straches Facebook-Seite Kommentare wie „Kopfschuss fertig", „Drüberfahren, Vollgas", „Hoffentlich ist er tot" oder „Wo ist der Starkstrom, wenn man ihn mal braucht?". Diese Kommentare blieben stundenlang auf Straches Seite stehen. Gleichzeitig berichteten Personen, die Kritik an der Hassorgie übten, dass ihre Kommentare sofort gelöscht und sie von den Administratoren der Strache-Seite gesperrt wurden.

Am Ende sah sich Strache jedoch nicht als Wegbereiter für Hasskommentare, sondern als Opfer. „Die Gewalt-, Mord- und sonstigen Drohungen (auf meiner Seite) gegen meine Person gerichtet, vergessen diverse Medien natürlich geflissentlich zu berichten … Wenn von täglich 10.000 Kommentaren auf meiner Facebook-Seite täglich bis zu 5 Kommentare hasserfüllt gegen meine Person hetzen und 5 gegen politische Mitbewerber, dann ist das die radikale Minderheit, welche auf meiner Seite grundsätzlich nichts verloren hat, ausgeforscht und bestraft gehört … jedoch vermisse ich dazu eine objektive Berichterstattung. Es wird ausschließlich medial gegen meine Person gehetzt. Billig und durchschaubar!“, schrieb Strache auf seiner Facebook-Seite. Darauf, wie die populistische und extreme Rechte sich in eine ständige Opferhaltung begibt, kommen wir noch ausführlicher zu sprechen.

Laut der Initiative „Hoaxmap“ gehört die FPÖ im deutschsprachigen Raum zu den Top-Verbreitern von Gerüchten und Falschinformationen. Wird die FPÖ bei der Verbreitung von Hetz- und Lügengeschichten ertappt, so reagiert sie zumeist entweder durch Verleugnen oder durch stillschweigendes Löschen, allerdings erst nachdem die Falschmeldungen bereits weite Verbreitung gefunden haben. Zu einem Widerruf, einer Richtigstellung oder gar einer Entschuldigung kommt es so gut wie nie – es sei denn, es liegt ein gerichtlicher Auftrag dazu vor. Diese überwiegende Weigerung, angerichteten Schaden wieder gutzumachen oder auch nur zu bedauern, zeigt, dass es sich bei der Verbreitung von aufwiegelnden Geschichten, Gerüchten und Falschinformationen oftmals nicht um Unfälle handelt, sondern Kalkül dahintersteckt.

Soziale Netzwerke ermöglichen es darüber hinaus, intensiven Starkult zu betreiben und eine Nähe zu prominenten Persönlichkeiten herzustellen. Die FPÖ hat dieses Potenzial sehr früh erkannt und einen Kult um die Facebook-Seite ihres Obmanns Strache aufgebaut. Anfang 2017 überschritt seine Seite die Zahl von 500.000 Fans und lag damit deutlich vor jeder anderen Politikerseite in Österreich und auch vor jeder Facebook-Seite eines deutschen Politikers, mit Ausnahme der deutschen Bundeskanzlerin Angela Merkel.

Erst seit Kurzem versuchen die Zentrumsparteien in Österreich, einen ähnlichen Starkult um Bundeskanzler Christian Kern (SPÖ) und Außenminister Sebastian Kurz (ÖVP) aufzubauen. Während Kern auf Facebook noch viel aufzuholen hat, ist Kurz dem FPÖ-Obmann inzwischen schon recht dicht auf den Fersen.

Daher die Warnung Nummer fünf: Die Rechte profitiert davon, dass es noch keine Kultur des verantwortungsvollen und klugen Umgangs mit sozialen Netzwerken gibt. Vielfach fehlt den Benutzerinnen und Benutzern das nötige Knowhow über die Fallen und Schwächen sozialer Netzwerke. Diese Schwächen, die oft auch unsere eigenen Schwächen sind, werden skrupellos von Rechtspopulisten und Rechtsextremen ausgenutzt. Demgegenüber haben Personen und Gruppen, die in sozialen Netzwerken fundierte Inhalte transportieren und nicht hetzen, hinsichtlich der Aufmerksamkeit und Reichweite sehr oft das Nachsehen, mit fataler Wirkung für die Debattenkultur.

6. Hohes Gewicht identitätsbezogener Themen

Das Gewicht identitätsbezogener Themen in politischen Debatten und für Meinungsbildungen hat in den vergangenen Jahren enorm zugenommen. Immer öfter dreht sich die öffentliche Diskussion um Fragen, die eng mit nationaler oder religiöser Identität verbunden sind. In Zeiten zunehmender sozialer Aufsplitterung und einer globalisierten Wirtschaft, die einzelnen Staaten immer weniger Handlungsspielräume lässt, erfahren Nationalismus und das Auseinanderdividieren der Menschen nach Kriterien wie Herkunft oder Religion eine Renaissance.

Identitätsthemen eignen sich besonders gut zur Frontenbildung und zur politischen Arbeit mit Feindbildern. Dies trifft insbesondere dann zu, wenn es bezüglich einer identitätsbezogenen Fragestellung kein gefestigtes Selbstverständnis gibt – etwa in der Frage, ob es sich bei Österreich oder Deutschland um Einwanderungsländer handelt, oder ob Menschen unabhängig von ihrer Herkunft oder Religion als gleichberechtigte Bürgerinnen und Bürger anerkannt werden sollen, oder ob es eine scharfe Trennung zwischen Staatsbürgern und Nichtstaatsbürgern geben soll usw.

Verstärkt wird das Gewicht identitätsbezogener Themen durch Krisen in und rund um Europa und damit einhergehende Unsicherheiten. Beispiele dafür sind die Kriege in Syrien, dem Irak oder der Ukraine, die Fälle islamistischen Terrors in und rund um Europa und die in den vergangenen drei Jahren deutlich gestiegene Anzahl an Menschen, die in Europa einen Asylantrag stellen, verbunden mit der Erkenntnis, dass es keine absolute Kontrolle über Grenzen gibt.

Parteien wie die FPÖ und die AfD profitieren von diesen mannigfaltigen Unsicherheiten, die viele Menschen überfordern. Verstärkt wird dieser Effekt durch Boulevardmedien und soziale Netzwerke, die dafür sorgen, dass negative Ereignisse und Bedrohungsszenarien nahezu im Minutentakt, oftmals vermischt und dramatisiert auf uns hereinprasseln. Es verwundert daher nicht, dass sich viele Menschen die kraftvolle Beherrschung dieser Unsicherheiten und Bedrohungen mittels einfacher, rascher, harter und endgültiger Lösungen wünschen. In der Ausrufung von Feindgruppen und dem Rückzug in scheinbar sichere Identitätskonstruktionen glaubt eine zunehmende Anzahl an Menschen einen positiven Beitrag zu erkennen.

Die populistische und extreme Rechte bietet Identität jedoch nicht nur an, sondern sie betätigt sich darüber hinaus auch als Identitätsräuberin. Vielen Menschen wird von den Rechten alleine aufgrund ihrer Herkunft oder Religion die Landeszugehörigkeit verweigert. In Österreich prägten die FPÖ und ihre Vorfeldorganisationen mit Sprüchen wie „Wien darf nicht Istanbul werden“, „Daham statt Islam“, „Mehr Mut für unser Wiener Blut“, „Europa ist die Wiege der Weißen“ oder „Abendland in Christenhand“ ein Klima der Ausgrenzung gegenüber allen, die nicht in ihre Vorstellung von einem Europa als „Wiege der Weißen“ bzw. einem „christlichen Abendland“ passen.

Daher die Warnung Nummer sechs: Es ist unmöglich, alle Unsicherheiten aus der Welt zu schaffen, aber es ist möglich, ein Bekenntnis zu einer Realität abzugeben, die von Herkunftsvielfalt und Migration mitgeprägt ist. Solange dies verweigert wird und solange immer wieder neu infrage gestellt wird, ob die Menschen, die in unseren Ländern leben, unabhängig von ihrer Herkunft, Hautfarbe oder Religion gleichberechtigter Teil der Gesellschaft sein können, werden Identitätsthemen politische Hochkonjunktur haben – und damit auch die Gruppierungen, die diese Themen am heftigsten für Polarisierungen nutzen.

7. Kampf gegen das mächtige System

Ein Kernelement populistischer Kräfte ist, dass sie sich immer als Bewegung von unten präsentieren. Sie sagen, dass ihnen ein großer, schier übermächtiger Feind gegenüberstehe: „das System". Sie selbst stilisieren sich als „tapferer David", der das „mächtige System" herausfordere.

Obwohl die FPÖ in Österreich über 60 Jahre als Partei existiert und sie bereits in zwei Bundesregierungen und mehreren Landesregierungen vertreten war, gehört es seit Beginn ihrer populistischen Phase zu ihrem Standardrepertoire, sich als absoluten Gegenpol zum „System", zum „Establishment" und zu den sogenannten „Altparteien" darzustellen. Jedes Mal, wenn die FPÖ Teil einer Regierung war oder wenn sie enorme „Systemschäden" mitverursachte, wie etwa bei der größten Bankenpleite in der Geschichte Österreichs, dem Bankrott der Kärntner Hypo Alpe Adria, erfand sich die FPÖ kurz darauf neu als „außerhalb des Systems" stehend. Offen blieb dabei immer, was „das System" genau ist und wo die FPÖ, bezogen auf dieses „System", tatsächlich steht.

Die populistische und extreme Rechte will die Rolle des Underdogs. Sie will als Akteur gesehen werden, der allein und mutig gegen mächtige und unfaire Gegner kämpft. Diese Rolle erleichtert das Ernten von Sympathien und Proteststimmen, weil viele Menschen sich damit gut identifizieren können.

Daher die Warnung Nummer sieben: Die unablässige Selbstdarstellung als Kämpfer gegen ein diffuses „System“ und als Underdog gehört zu den Trumpfkarten von Populisten. Diese Trumpfkarte sticht besonders gut, wenn politische Strukturen und Entscheidungswege intransparent sind, wenn die Distanz zwischen der Bevölkerung und den Entscheidungsträgern des Staates groß ist und wenn es verfestigte Machtsysteme gibt, wie sie durch lange Regierungszeiten einzelner Parteien, Personen oder Koalitionen entstehen können. Gerade große Koalitionen vermitteln – oft nicht zu Unrecht – den Eindruck einer enormen Machtballung in den Händen der Regierenden. In Österreich fällt es der FPÖ durch das lange Bestehen der großen Koalition leicht, SPÖ und ÖVP die Rolle als „Systembeherrscher“ zuzuweisen. Mitentscheidend ist hierbei auch der Ruf eines politischen Systems innerhalb der Bevölkerung: Je schlechter das Bild von „der Politik“ insgesamt ist, ob zu Recht oder zu Unrecht, desto wirkungsvoller ist pauschale, diffuse Systemkritik, wie sie von Populisten und Extremisten oftmals geübt wird. Gerade vonseiten der populistischen und extremen Rechten erfolgt diese Kritik meist eben nicht mit dem Ziel, das politische System zu verbessern, sondern mit dem Ziel, in die Position zu kommen, das politische System noch wesentlich radikaler als die bisherigen Machtträger für eigene Zwecke ausnutzen und zuschneiden zu können.

8. Immer das Opfer

Zu den Erfolgsstrategien von populistischen und extremen Rechtsparteien gehört es, sich prinzipiell zum Opfer zu erklären – zum Opfer des bereits angesprochenen „mächtigen Systems", zum Opfer von Medien, die sie viel härter angreifen als andere Parteien, zum Opfer von „Gutmenschen", die „Jagd" auf sie machen, und zum Opfer eines „Establishments", das auf sie herabsieht, sie verspottet und ausgrenzt.

Diese Opferrhetorik wendet die FPÖ durchgehend an. Ganz besondere Bedeutung erlangt die Selbstdarstellung als Opfer jedoch, wenn Vertreterinnen und Vertreter der FPÖ gerade selbst durch Lügen, Verleumdung, Hetze oder Fälle von Korruption zu Täterinnen und Tätern geworden sind. Dann wird die eigene Verfehlung zur mutigen Tat umgedeutet: Man habe den „Mut", die „Wahrheit zu sagen", die „Sprache des Volkes zu sprechen" oder sich „dem System entgegenzustellen“. Dieses „Reframen“, diese Änderung des Erzählrahmens, vom bösen Täter zum bewundernswerten Opfer, das eine mutige Tat vollbracht hat und dafür von seinen mächtigen Feinden angegriffen wird, gehört zum Kerngeschäft der populistischen und extremen Rechten.

Der bekannte österreichische Nachrichten-Anchorman Armin Wolf sprach in der Sendung „Zeit im Bild 2“ vom 3. Januar 2017 FPÖ-Obmann Strache auf einen Partnerschaftsvertrag seiner Partei mit der Partei Wladimir Putins an. Strache bestritt, dass es ein solches Abkommen gebe, und behauptete, es handle sich lediglich um ein „Arbeitsübereinkommen“. Wolf konfrontierte Strache daraufhin mit einem Interview, das dieser dem FPÖ-eigenen Internet-TV gegeben hatte und in dem er wörtlich von einem „Partnerschaftsvertrag“ sprach. Strache meinte daraufhin zu Wolf, dass er sich im damaligen Interview eben geirrt habe. Anschließend befragte Wolf den FPÖ-Obmann zum Verhältnis seiner Partei zur Front National.

Insgesamt handelte es sich um ein normales Politikerinterview, mit kritischen Fragen und guter Hintergrundrecherche durch das Team der Nachrichtensendung „Zeit im Bild 2“. Doch kurz nach dem Interview attackierte Strache via Facebook den Interviewer Wolf: „Er kann es einfach nicht lassen. Jedenfalls witzig, wie Armin Wolf heute wieder in unsere Richtung geschäumt und verdreht hat … Die wirklichen Probleme unseres Landes haben Herrn Wolf natürlich nicht interessiert! Ist ja auch nicht im Interesse des ORF-Staatsfunks!“ Und am nächsten Morgen verfasste die FPÖ eine Presseaussendung, in der die „Zeit im Bild 2“ als „linke Propagandasendung“ bezeichnet wird. „Offenbar ist Wolfs Motivation jene, die katastrophale Politik der Bundesregierung damit zudecken zu wollen“, schrieb FPÖ-Generalsekretär Harald Vilimsky. Indirekt forderte die FPÖ sogar die Absetzung Wolfs als Nachrichtenmoderator. „Äquidistanz, Objektivität und Frische müssen wieder Einzug in die ZiB2 halten“, forderte FPÖ-Sprecher Vilimsky.

Aus den widersprüchlichen Interview-Aussagen Straches über das Verhältnis der FPÖ zur Partei Putins und zur Front National versuchte die FPÖ einen Fehltritt des öffentlich-rechtlichen Fernsehens zu machen. Am Ende dieses Reframings sollte, so das Ziel der FPÖ, Strache als Opfer und Nachrichten-Anchorman Wolf sowie der ORF als Täter dastehen. Dieser Mechanismus der Täter-Opfer-Umkehr ist vielfach beschrieben und dokumentiert.

Die Täter-Opfer-Umkehr geht oftmals Hand in Hand mit anderen Strategien, wie etwa dem Verwischen wichtiger Unterscheidungen, beispielsweise die Unterscheidung zwischen Kritik und Hetze. Der Angriff auf Menschen aufgrund ihrer Herkunft, Hautfarbe, Religion oder sexuellen Orientierung wird vonseiten der FPÖ auf eine Stufe gestellt mit der Kritik an den Aussagen und Handlungen rechter politischer Akteure. Beides wird von der FPÖ als „Hetze" bezeichnet. Für eine Gruppierung, die sich fortwährend als Opfer inszeniert, ist klar, dass, wer sie kritisiert, Hetze betreibt.

Daher die Warnung Nummer acht: Ganz egal, was sie selbst tun, und ganz egal, was andere tun, Rechtsaußenparteien werden sich immer als Opfer darstellen. Es liegt aber an den anderen politischen Akteuren sowie den Medien und uns allen, wie einfach es die Rechten dabei haben und wie erfolgreich diese Strategie funktioniert. Am leichtesten macht man es den rechten Populisten und Extremisten, wenn man sie tatsächlich unfair behandelt. Denn die Rechten haben zwar nur ein sehr geringes Unrechtsempfinden, wenn es um die Personen und Personengruppen geht, die von ihr angegriffen werden, aber eine extrem hohe Unrechtssensibilität, wenn es um den Umgang mit ihnen selbst geht. Dann werden sie plötzlich zu eisernen Verfechtern jener Korrektheit, die sie ansonsten scharf kritisieren.

9. Kommunikationstraining auf allen Ebenen

Sei es die Anwendung der Framing-Technik, die Opferrhetorik oder die Strategie der Täter-Opfer-Umkehr, sei es die Fähigkeit, die Themen in einer Diskussion zu bestimmen oder das Publikum durch geschickt eingestreutes Lob auf seine Seite zu ziehen, in Österreich trainiert die FPÖ ihre Funktionärinnen und Funktionäre seit Jahren darin, kommunikativ erfolgreich zu sein.

Die FPÖ hat unter Jörg Haider und später unter Heinz-Christian Strache und dessen Generalsekretär Herbert Kickl sehr wirkungsvolle kommunikative Mittel entwickelt, die für ihre Wahlerfolge mitentscheidend waren und sind. Jörg Haider galt diesbezüglich als großes Talent. Er hat von frühester Jugend an das Reden und Überzeugen trainiert. Er hat Wege gesucht und gefunden, Massen mitzureißen und zu begeistern. Seitdem betreibt keine andere Partei in Österreich so systematisch Kommunikationstraining wie die FPÖ.

Haiders Art der Kommunikation wurde in einigen Büchern ausführlich analysiert. Eine der bekanntesten Analysen stammt von Walter Ötsch, der in seiner Publikation „Haider light. Handbuch für Demagogie“ die wiederkehrenden Kommunikationsmuster Haiders nachzeichnete: Von der „einfachen Botschaft“ über die „zweigeteilte Welt in ‚Wir' und ‚die Anderen'", die „Konzentration auf eine sich wiederholende Kernbotschaft", die „Präsentation einer Bedrohungslage für die ‚Wir-Gruppe', ausgelöst durch die ‚Gruppe der Anderen'", die „Erfindung neuer Begriffe für die ‚Wir-Gruppe' und die bedrohlichen ‚Anderen'", die „Verknüpfung der Gruppen mit eindeutigen Eigenschaften", das „konsequente Schwarz-Weiß-Spiel" bis hin zur „Selbstdarstellung als nahezu unfehlbares ‚Super-Wir'", das außerhalb des politischen Systems steht und Ängste anspricht, Schuldige nennt, Sündenböcke erschafft und die Welt durch teils erfundene Einzelfälle erklärt, der verspottet, provoziert, entmenschlicht, attackiert und, wenn er selbst angegriffen wird, blitzschnell in die Opfer-Rolle wechselt.

Im Zuge der Kampagne des FPÖ-Bundespräsidentschaftskandidaten Norbert Hofer, der selbst als Kommunikationstrainer tätig war, setzte in Österreich eine breite Diskussion über rhetorische Strategien ein. Es wurden unabhängige Videoanalysen erstellt und verbreitet, die zeigten, wie Hofer durch geschickte Ablenkungsmanöver aus für ihn unangenehmen Situationen herausfand und kurz darauf seinen Kontrahenten und die Moderatorin angriff, um sie aus dem Konzept zu bringen und ihnen den Nerv zu ziehen. Diese Analysen der Rhetorik Hofers waren ein wichtiger Baustein für den Wahlsieg des von den Grünen unterstützten Kandidaten Alexander Van der Bellen. Sie änderten nämlich die Rahmenerzählung bezüglich der rhetorischen Überlegenheit Hofers. Aus „Hofer, dem versierten Kommunikator" wurde in der Wahrnehmung vieler „Hofer, der Anwender perfider rhetorischer Tricks".

In Österreich haben die Kontrahenten der populistischen und extremen Rechten das Trainieren kommunikativer Fähigkeiten und die Auseinandersetzung mit kommunikativen Strategien lange sträflich vernachlässigt. Vielfach herrschte die Ansicht vor, überzeugendes Auftreten hänge allein von der Wahrhaftigkeit einer Person und ihrer inhaltlichen Kompetenz ab. Ein Irrglaube, von dem die FPÖ bis heute profitiert, auch wenn ihre Gegner inzwischen aufgeholt haben.

Daher die Warnung Nummer neun: Unterschätzt die Fähigkeiten der Rechten nicht. Viele von ihnen sind Kommunikationsprofis. Der Umgang mit Vertreterinnen und Vertretern der populistischen und extremen Rechten verlangt von ihren politischen Kontrahenten, aber auch von Journalistinnen und Journalisten extrem gute Vorbereitung, Genauigkeit und Wissen über kommunikative Strategien und Kniffe. Jede rhetorische Ungeübtheit, jede kommunikative Konzeptlosigkeit, jeder Fehler, jedes Nicht-belegen-Können von

Vorwürfen, jedes Überraschtsein über rhetorische Kniffe wird gnadenlos zum eigenen Vorteil ausgenutzt – ebenso jedes Unwissen des Publikums über manipulative rhetorische Mittel. Der kommunikative Trainingsrückstand der Anderen gehört mit zu den schärfsten Waffen der Rechten.

10. Einfache Sprache

Populisten legen nicht nur Wert auf einfache Botschaften, sie benutzen auch eine einfache Sprache. Kurze Sätze. Keine Fremdwörter. Oftmalige Wiederholungen, immer wieder Wiederholungen. Die ständige Wiederholung einfacher Sätze und Botschaften kann Wahrheiten schaffen, auch und gerade dort, wo gezielt Unwahrheiten verbreitet werden. Denn, was ständig präsent ist, brennt sich in die Köpfe der Menschen ein.

Unzählige Male wiederholt die FPÖ in Österreich die immer gleichen Sätze, etwa: „90 Prozent der Asylwerber sind illegal bei uns“ oder „Flüchtlingen wird nach sechs Jahren die Staatsbürgerschaft nachgeschmissen“ oder „Ausländer haben alle Rechte und Inländer alle Pflichten“. Jeder dieser Sätze beinhaltet Falschinformationen. Jede dieser Äußerungen spekuliert mit fehlendem Faktenwissen und spielt mit Vorurteilen und Emotionen.

Zum Sprachrepertoire der Rechten in Österreich gehört auch eine bildhafte Sprache und kurze, provokative Reime, die für Gesprächsstoff sorgen und im Gedächtnis haften bleiben sollen, wie „Asylbetrug heißt Heimatflug“, „Josef & Maria statt Burka & Scharia“ oder „Heimatliebe statt Marokkaner-Diebe“.

Die populistische und extreme Rechte verfolgt das Ziel, in einer immer undurchschaubarer wirkenden Welt den Eindruck von Verständlichkeit zu erzeugen. Der Informations- und Reizflut wird mit Einfachheit, Provokation und Unterhaltsamkeit begegnet. „Wer so spricht, dass ich ihn verstehe, ist wohl am ehesten derjenige, der mich versteht“, soll sich die Bevölkerung denken.

Daher die Warnung Nummer zehn: Die Zeit, in der eine fremdwortreiche und akademisch anmutende Sprache als politisch prestigeträchtig und Erfolg versprechend galt, ist vorbei. Heute zählen Verständlichkeit, Direktheit und Unterhaltungswert. Wer weiter auf dem hohen Ross einer komplexen Kommunikationsform verharrt, die viel an Vorwissen und Merkleistung verlangt, verschafft denjenigen, die auf Einfachheit und Eingängigkeit setzen, einen Vorteil.

11. Lob für das Publikum

In Österreich war die FPÖ die erste Partei, die erkannt hat, wie wichtig es ist, nicht nur auf lokaler Ebene, sondern auch bei Landtags- und Nationalratswahlen Streichel- und Schmeicheleinheiten an die Wählerschaft zu verteilen. Statt sich selbst als kluge politische Elite darzustellen, präsentiert sich die FPÖ als „Verbündete" einer Bevölkerung, die selbst „klug", „mündig", „weitsichtig" und „mit Hausverstand ausgestattet" ist. Dieses Lob wird von vielen Wählerinnen und Wählern als Wertschätzung und als positive Demut ihnen gegenüber empfunden.

Die FPÖ spricht ihr Publikum darüber hinaus häufig direkt und per „Du" an. Jörg Haider plakatierte Slogans wie „Er hat Euch nicht belogen" oder „Sie sind gegen ihn, weil er für Euch ist". Auch Norbert Hofer warb im Präsidentschaftswahlkampf mit Slogans wie „Deine Heimat braucht Dich jetzt" oder „In Eurem Sinne entscheiden". Demgegenüber pflegen andere Parteien oft eine wesentlich distanziertere Kommunikation und reden in Wahlkampagnen in erster Linie über sich, anstatt die Bevölkerung direkt anzusprechen und in einen Schein-Dialog mit ihr zu treten.

Bei ihrer direkten Adressierung der Bevölkerung betreibt die populistische und extreme Rechte jedoch ein Doppelspiel. Während auf der einen Seite „das Volk“ glorifiziert und den „eigenen Leuten“ betonte Nähe und Herzlichkeit entgegengebracht wird, wird auf der anderen Seite gruppenbezogene Menschenfeindlichkeit und Frontenbildung betrieben.

„Das Volk“ umfasst für die Rechte nie die ganze Bevölkerung, sondern immer nur eine national, ethnisch, religiös und weltanschaulich eingegrenzte Teilmenge der Bevölkerung. Zugleich nimmt sie eine permanente Hierarchisierung zwischen Bevölkerungsteilmengen vor.

Die untere Ebene der Hierarchie bilden für die populistische und extreme Rechte die „Anderen“, die „Fremden“, die „unechten Österreicher“, die sich zwar im Land befinden, aber eigentlich nicht da sein sollten, jedenfalls auf keinen Fall gleichberechtigt sein sollten. Zu den „Anderen“ zählen darüber hinaus auch die „Vernaderer“ und „Verräter“, die zwar national, ethnisch und religiös zum rechten Volksbegriff dazugehören, aber sich „verräterischerweise“ weltanschaulich gegen eine hierarchisierende und ausschließende Volksideologie positionieren.

Als die FPÖ 2013 auf Plakaten und im Internet mit den Slogans „Liebe deinen Nächsten“ und „Höchste Zeit für Nächstenliebe“ warb, fügte sie immer hinzu, wen sie mit „den Nächsten“ meinte:

„Für mich sind das unsere Österreicher." Und jede und jeder konnte für sich die Wortfolge „unsere Österreicher" mit dem ausfüllen, was er oder sie für „unsrig" hielt.

Wo die Trennlinie zwischen „unseren Leuten" und den „Anderen" genau verläuft, wird offengelassen. Dies unterscheidet die populistische bzw. gedämpft extremistische Rechte von offen rassistischen und neonazistischen Gruppierungen, die ihre Trennlinien klarer benennen. In Österreich agiert die FPÖ an der Schnittstelle zwischen Populismus, gedämpftem Extremismus und offenem Rassismus.

Daher die Warnung Nummer elf: Die Rechte weiß, wie man den Wählerinnen und Wählern schmeichelt. Sie nutzt die Macht von Lob für das Publikum. Wer demgegenüber auf distanzierte, unnahbare politische Kommunikation von oben herab setzt, ist meist klar im Nachteil. Die bevölkerungsnahen Kommunikationsformen der Rechten beinhalten ein Liebesversprechen an die „Wir-Gruppe" bei gleichzeitiger Verachtung und eisiger Kälte gegenüber der „Gruppe der Anderen". Dem gilt es bevölkerungsnahe Kommunikationsformen entgegenzusetzen, die nicht auf ethnischer, religiöser und nationaler Spaltung beruhen.

12. Bevölkerung als Schutzschild

Parteien wie die FPÖ verwenden die Bevölkerung als Schutzschild. Jeder Angriff gegen die Partei wird als Angriff auf alle, die die Partei gewählt haben oder sich vorstellen könnten, sie zu wählen, umdefiniert. Die populistische und extreme Rechte profitiert davon, dass ihre politischen Gegner oftmals nicht präzise genug klarstellen, was sie konkret empört, wen sie konkret verurteilen und aus welchem Grund. Sie profitiert auch davon, dass Personen, die ähnliche Probleme ansprechen wie rechte Parteien oder Teile der Positionen rechter Parteien übernehmen, oftmals vorschnell und gänzlich in eine Schublade mit Rechtspopulisten und Rechtsextremen geworfen werden.

Viele Gegner der Rechten haben noch nicht erkannt, dass es wichtig ist, Distanz zwischen möglichst vielen Wählerinnen und Wählern und den Rechten aufzubauen. Es geht gerade nicht darum, möglichst viele Menschen in ein Eck mit ihnen zu stellen, schon gar nicht ungerechtfertigt.

Die Rechte weiß es darüber hinaus auch zu nutzen, dass ihr und ihrer Anhängerschaft vielfach von oben herab begegnet wird. Die Gegner der Rechten machen sich über Rechtschreibfehler auf Plakaten lustig und bekritteln den vermeintlich geringen Bildungsgrad, den geringen sozialen

Status, das ungepflegte Aussehen usw. der Anhängerschaft. Jede dieser Überheblichkeiten, jedes herablassende Verhalten wird von der Rechten dazu genutzt, um sich einmal mehr als Opfer darzustellen, aber auch um Solidarität mit jenen Bevölkerungsschichten zu erzeugen, die sich nicht ausreichend ernst genommen, sondern durch Arroganz ausgegrenzt und abgewertet fühlen.

Daher die Warnung Nummer zwölf: Die Arroganz und Überheblichkeit ihrer Gegner gehört mit zu den schärfsten Waffen der Rechtspopulisten und Rechtsextremen. Wer der Verlockung erliegt, sich über sprachliche Defizite ihrer Anhängerschaft lustig zu machen oder über Rechtschreibfehler in Aussendungen oder auf Plakaten zu spotten, spielt den Strategien der Rechten in die Hände. Gleiches gilt für das undifferenzierte Abstempeln von Leuten, die ähnliche Probleme ansprechen wie die Rechten. Wer nicht zwischen Personen, die Hass schüren, und Personen, die verunsichert oder skeptisch sind, unterscheidet, spielt der Vereinnahmungsstrategie der Rechten in die Hände. Es gibt nicht nur diejenigen, die sich „besorgte Bürger" nennen, aber in Wahrheit eine rassistische Agenda verfolgen, sondern es gibt auch Bürgerinnen und Bürger, die nachvollziehbare Ängste und eine begründete Skepsis gegenüber gesellschaftlichen Entwicklungen haben, die

Unsicherheit erzeugen. Letztere gilt es nicht mit rechten Gruppierungen in einen Topf zu werfen und sie so in deren Hände zu treiben, sondern sie, wo immer möglich, von rechten Gruppierungen zu trennen und mit ihnen in einen Dialog zu treten.

13. Sprechen die „wahren" Probleme an

„Politische Korrektheit" ist in den vergangenen Jahren zu einem wichtigen Kampfbegriff der Rechten geworden. Er wird heute vor allem von Leuten benutzt, die sich als Opfer von „politischer Korrektheit" sehen. Parteien wie die FPÖ oder die AfD sagen, sie würden sich nicht von „dieser Ideologie" unterdrücken lassen und hätten stattdessen den Mut, die „wahren Probleme" anzusprechen. Doch unter „wahre Probleme ansprechen" wird von diesen Parteien vielfach das Schüren von Vorurteilen und das Spiel mit Feindbildern verstanden. Gruppenbezogene Menschenfeindlichkeit wird zum Akt „des Mutes" bzw. zum Akt „der Überwindung von politischer Korrektheit" erklärt. Das fällt bei einem Teil der Bevölkerung auf fruchtbaren Boden. Denn die Bestätigung von oft schon in der Kindheit und Jugend erlernten Vorurteilen und Schubladisierungen wird von manchen als befreiend empfunden.

Dabei ist es in einer funktionierenden Demokratie in der Tat wichtig, Probleme klar anzusprechen. Unsicherheiten und negative Entwicklungen sollten benannt und nicht unter den Tisch gekehrt werden. Allerdings sollte nicht zeitgleich eine Vorurteilsmaschinerie angeworfen und generalisiert oder gar hysterisiert werden.

Zum Beispiel war die FPÖ in Österreich tatsächlich die erste Partei, die auf die Gefahr antidemokratischer und gewaltbereiter islamistischer Strömungen hingewiesen hat. Allerdings war der berechtigte kritische Fingerzeig auf radikalen Islamismus vonseiten der FPÖ nie lösungsorientiert ausgerichtet, sondern Teil ihres Geschäftsmodells der Frontenbildung gegen „die Anderen".

Daher wurde von der FPÖ auch „der Islam" als Ganzes zum Feindbild erklärt und es wurde Stimmung gegen alle im Land befindlichen Musliminnen und Muslime gemacht. Die rechte Frontenbildung baut darauf auf, möglichst viele Musliminnen und Muslime mit radikalen islamistischen Strömungen in einen Topf zu werfen, um dann zum Zusammenrücken und Durchgreifen gegen diese „kollektive Gefahr", diese „kollektiven Gefährder" aufzurufen.

Das Geschäftsmodell der Frontenbildung würde ins Stottern geraten, wenn man stattdessen gemeinsam mit Musliminnen und Muslimen gegen fundamentalistische Strömungen kämpfen würde.

Eine Generalisierung zum Zwecke der Frontenbildung geschieht auch in anderen Bereichen, in denen Rechtspopulisten und Rechtsextreme Probleme ansprechen, etwa im Bereich der Kriminalität. Verbrechensfälle werden sorgfältig danach ausgewählt, ob sie sich für den Aufbau von Fronten eignen, um ethnisch und religiös definierte Gruppen pauschal zum Problem zu erklären.

Im Frühjahr 2017 kam es beispielsweise binnen kurzer Zeit zu zwei dramatischen Ereignissen in Deutschland. Ein 19-jähriger Mann tötete mit zahllosen Messerstichen zuerst einen neunjährigen Nachbarsjungen und kurz darauf einen Bekannten, bei dem er untergetaucht war. Der junge Mann, der laut Ermittlern „aus Mordlust" gehandelt haben soll, hieß Marcel H. und war hellhäutig. Zu ihm fand sich kein Eintrag auf den Facebook-Seiten der FPÖ-Spitze. Wenige Tage später attackierte ein 36-jähriger Mann in Düsseldorf mehrere Menschen zuerst in der S-Bahn und dann am Bahnhof mit einer Axt und verletzte einige schwer. Laut Ermittlern soll der Mann an paranoider Schizophrenie erkrankt sein und einen psychotischen Schub gehabt haben. Doch der Mann hieß Fatmir A. und war Asylbewerber aus dem Kosovo. Das reichte für FPÖ-Spitzenpolitiker, um den Mann auf ihre Facebook-Seiten zu befördern. Seine psychische Krankheit wurde von der FPÖ infrage gestellt. Während Doppelmörder Marcel H. nicht der richtige Mann für das Frontenbildungs-Geschäftsmodell der FPÖ war, passte Axt-Angreifer Fatmir A. perfekt in das Feindbild- und Aufwiegelungsschema der Rechten.

Im Zuge solcher Aufwiegelungen werden auch Personen, die sich nie etwas haben zuschulden kommen lassen, mit Personen, die ein Verbrechen begangen haben, zu einer Gruppe, zu einer Front, verschmolzen, nur weil sie den gleichen ethnischen oder religiösen Hintergrund haben. Rechte Parteien nutzen unser Bedürfnis aus, böse Taten einzuordnen und an einem vermeintlich alles erklärenden Merkmal festzumachen.

Inzwischen hat es die populistische und extreme Rechte geschafft, dass bei der Kriminalitätsberichterstattung nichts mehr wichtiger scheint, als sofort eine Zuordnung der ethnischen und religiösen Herkunft von Tatverdächtigen vorzunehmen, unabhängig davon, ob diese Aspekte für die Tat tatsächlich eine Rolle gespielt haben oder nicht. Soziale Herkunftsmerkmale und andere Umstände, die zu kriminellen Handlungen führen können – wie Drogensucht, Spielsucht, psychische Erkrankungen, Armut, prekäre Familienverhältnisse, Gier, Gewalterfahrung usw. – interessieren demgegenüber nur noch wenig bzw. nur noch dann, wenn mutmaßliche Täterinnen und Täter nicht als ethnisch oder religiös „fremd" eingeordnet werden können.

Wie eng das Verhältnis der FPÖ zu den von ihnen gepushten Vorzeigefeindbildern ist, zeigte sich anhand eines skurrilen Schauspiels, das sich im österreichischen Parlament abspielte. Während einer von der FPÖ einberufenen Sondersitzung des Nationalrats zum Thema „Asylbewerber und Kriminalität" fingen die anwesenden FPÖ-Politiker jedes Mal zu applaudieren an, wenn ein FPÖ-Abgeordneter einen Beispielfall für einen kriminellen Asylbewerber referierte. Die FPÖ zollte ihren Vorzeigefeindbildern Beifall. Sie demonstrierte, dass ihr das Benennen von Problemen und Problemfällen meist vor allem als Vehikel zur Aufwiegelung und Frontenbildung dient.

Die Rechte profitiert dabei von einem Diskurs, der insgesamt an Härte gewonnen hat. Wer Probleme differenziert und aus unterschiedlichen Perspektiven betrachtet und zu Abwägung und Besonnenheit aufruft, wird heute rasch als Problemverleugner diffamiert. Und wer negative Ereignisse oder als problematisch geltende Persönlichkeiten zu verstehen versucht, wird als „Versteher" beschimpft.

Daher die Warnung Nummer 13: Wer Probleme – aus Angst, sie könnten von Rechten instrumentalisiert werden – totschweigt oder verleugnet, spielt den Rechten gerade in die Hände. Ebenso spielt den Rechten in die Hände, wer sich von der Vorurteils- und Generalisierungsmaschinerie anstecken lässt, die von ihnen und auch von einigen Medien sowie von einem Teil der Poster in sozialen Netzwerken betrieben wird. Diese Maschinerie droht das gesellschaftliche Klima zu vergiften. Sie bedient rassistische Einstellungen und Untergangsstimmungen, auf die wir noch zu sprechen kommen.

14. Verharmlosung und Normalisierung des Rechtsextremismus

Populistische und extreme Gruppierungen arbeiten daran, nicht mehr als gesellschaftlicher und politischer Rand gesehen zu werden. Sie wollen ihre Positionen und Personen salonfähig machen und an populären Themen und Strömungen andocken. Sie wollen gruppenbezogene Menschenfeindlichkeit so verkaufen, dass diese Menschenfeindlichkeit den Anschein der Vernunft und des Schutzes vor Bedrohungen erhält, und nicht mehr als zerstörerisches Projekt wahrgenommen wird.

In Österreich ist die Normalisierung von Positionen und Personen des rechten Randes bereits weit fortgeschritten. Die FPÖ hat es im Zusammenspiel mit einigen reichweitenstarken Medien geschafft, Diskursformen zu etablieren, in denen das Bedienen von Vorurteilen, die Ausrufung homogener Gruppen, das Gegeneinander-Ausspielen dieser Gruppen und das Vertreten von gruppenbezogener Menschenfeindlichkeit nicht mehr als Makel und Problem gelten, sondern als mutiger, lösungsorientierter Akt.

Man könnte auch sagen: Es hat sich parallel zur bereits diskutierten Abwehr von „politischer Korrektheit" eine neue „rechte Korrektheit" entwickelt, die Nationalismus, Ethnisierung, Generalverdacht und das Beiseiteschieben rechtsstaatlicher Regeln, wenn es etwa um die „Abwehr von Asylsuchenden" geht, zur neuen Norm erklärt.

In Oberösterreich forderte beispielsweise der dortige Landesparteiobmann der FPÖ ein Niederlassungsverbot für Muslime. Er erntete dafür kaum Kritik und wurde kurz darauf von der ÖVP als Vize-Landeshauptmann in die gemeinsame Landesregierung geholt. Der Widerstand gegen Forderungen, die auf den Ausschluss von Menschen allein aufgrund ihrer ethnischen oder religiösen Herkunft zielen, ist in Österreich in den vergangenen Jahren deutlich schwächer geworden.

Und in den USA sitzt inzwischen ein Präsident an den Hebeln der Macht, der diesen Ausschluss aktiv mittels Dekreten zu betreiben versucht.

In Österreich hat nicht nur in Bezug auf rechtsextreme Diskursformen und Inhalte ein Normalisierungsprozess stattgefunden. Der Normalisierungsprozess betrifft auch den Umgang mit Personen, die rechtsextremen Kreisen angehören und/oder die als rechte Hassprediger in Erscheinung getreten sind. So wurde vor wenigen Jahren der in der rechtsextremen Burschenschaft „Olympia" beheimatete FPÖ-Nationalratsabgeordnete Martin Graf von seiner Partei als dritter Präsident des österreichischen Nationalrats nominiert und von den Zentrumsparteien abgesegnet. Der schlagende Burschenschafter Johann Gudenus, der „illegalen Asylbewerbern", „illegalen Einwanderern" und „ausländischen Sozialschmarotzern" mit „Knüppel aus dem Sack" gedroht hatte, wurde von der FPÖ zum Wiener Vizebürgermeister ernannt. Auch für das der FPÖ zufallende Amt des Vize-Stadtschulrats von Wien nominierte die FPÖ einen einschlägig als rechten Frontenbildner bekannten Mann. Der Wiener Bürgermeister Michael Häupl weigerte sich in diesem Fall jedoch, den FPÖ-Kandidaten in das Amt zu bestellen.

Wie weit in Österreich der rechte Normalisierungsprozess fortgeschritten ist, zeigen auch Umfragen. Waren im Juni 2015 „nur" 39 Prozent der Befragten offen für eine Regierungsbeteiligung der FPÖ, so waren es Anfang 2017 laut einer vom Meinungsforschungsinstitut „Unique Research" für das Wochenmagazin „profil" durchgeführten Erhebung bereits 48 Prozent. Nur noch 24 Prozent waren „ganz sicher" gegen eine Regierungsbeteiligung der FPÖ, 18 Prozent „eher dagegen", 23 Prozent „eher dafür" und 25 Prozent „unbedingt dafür".

In Deutschland wird von der Rechten versucht, einen ähnlichen Normalisierungsprozess voranzutreiben. Die AfD arbeitet daran, Haltungen und Begriffe, die aus gutem Grund bei vielen verpönt sind, wieder salonfähig zu machen. AfD-Chefin Frauke Petry startete beispielsweise den Versuch, den Begriff „völkisch" aus dem Abseits zu holen und zu normalisieren. Der Begriff solle „wieder positiv besetzt werden", so Petry. Sie sagt damit indirekt, die biologistische und nationalistische Überhöhung des „eigenen Volkes" und die scharfe Abgrenzung zu den (ungleichwertigen) „Anderen" solle wieder normal werden. Der historische Kontext, in dem das Wort „völkisch" seinen Gebrauchshöhepunkt erreichte, soll demgegenüber vergessen werden.

Daher die Warnung Nummer 14: Die Gefahr ist groß, im Kampf gegen die Normalisierung des

Rechtsextremismus zu ermüden und immer größere Zugeständnisse an die neue „rechte Korrektheit“ zu machen. Mit jeder Diskursverschiebung in Richtung gruppenbezogener Menschenfeindlichkeit, mit jeder Person aus rechtsextremen Kreisen, die in eine Machtposition vorrückt, und mit jedem Erlass oder Beschluss, der von Antirassismus und Antidiskriminierung abrückt, schreitet die rechte Normalisierung voran. Genauso wie es ein Fehler ist, auf jede Provokation der Rechten einzusteigen, ist es ein Fehler, keine Kritik mehr an rechten Äußerungen und Handlungen zu üben, wenn diese eine massive Grenzverletzung darstellen. Ebenso ist es ein schwerer Fehler, keinen Widerstand mehr auszuüben, wenn Rechtsextreme in Machtpositionen vordringen wollen.

15. Rassismus und Nationalismus brechen hervor

Die Normalisierungsbestrebungen rechter Gruppierungen hinsichtlich der von ihnen vertretenen Ideologien bauen auf einer hohen Empfänglichkeit der Bevölkerung für Nationalismus und Rassismus auf. Viele Menschen in Österreich und Deutschland empfinden es im Moment als Erleichterung, wenn ihnen jemand zu verstehen gibt, dass es wieder in Ordnung ist, den Ressentiments freien Lauf zu lassen, die sie von jung auf mitbekommen, erlernt und verinnerlicht haben.

Es zeigt sich, dass ein nicht unwesentlicher Teil der Bevölkerung die Entwicklung der letzten Jahrzehnte in Richtung Verpönung von Vorurteilen und Generalisierungen und in Richtung des gesetzlichen Verbots von Diskriminierung innerlich nicht oder nur teilweise mitvollzogen hat. Sie wollen nicht mehr dafür kritisiert oder gar juristisch belangt werden, wenn sie Witze auf Kosten anderer machen oder Menschen zu Gruppen erklären und kollektiv abstempeln, abwerten, ausschließen und diskriminieren. Sie empfinden die Kritik an Nationalismus und Rassismus, die Aufrufe zu Bedachtsamkeit, zu Sachlichkeit und zu Gleichberechtigung als Einschränkung, manchmal sogar als „Terror" – und werden darin von rechten Parteien bestärkt.

Die populistische und extreme Rechte gibt den Menschen, die sich durch die Ächtung von Nationalismus und Rassismus eingeengt fühlen, Rückhalt. Und sie gibt ihnen in sozialen Netzwerken ein Forum, wo sie ihren Vorurteilen und negativen Emotionen freien Lauf lassen können.

„Kommen Sie mir nicht mit der Rassismuskeule" ist zu einem zentralen Stehsatz des neuen Kampfes um das „richtige Maß" an Rassismus und Nationalismus geworden. Der Verweis auf die

Rassismuskeule dient als Schutzschild, um Mitmenschen „endlich wieder“ aufgrund herkunftsbezogener oder äußerlicher Merkmale heruntermachen und diskriminieren zu können – ohne dabei durch Kritik gestört zu werden. Der Keulenstehsatz ermöglicht eine Verwandlung vom Rassismustäter zum Keulenopfer. Diese Verwandlung schafft Spielraum, um das zuvor bereits angesprochene Projekt der Normalisierung rechter Begriffe, Positionen und Personen voranzutreiben.

Was die Rechte dabei konsequent unter den Tisch zu kehren versucht, ist, dass es nicht nur unfair, sondern auch gesellschaftszerstörend ist, wenn Menschen nicht danach beurteilt werden, wie sie tatsächlich sind und was sie tatsächlich tun, sondern ihnen allein aufgrund ihrer Herkunft, Hautfarbe oder Religion von vornherein bestimmte Eigenschaften oder Verhaltensweisen unterstellt werden. Menschen, die solchen vorurteilsbehafteten und generalisierenden Betrachtungsweisen ausgesetzt sind, werden nicht mehr als Individuen, wahrgenommen. Sie werden zu potenziellen Zielobjekten von systematischem Unrecht gemacht.

In Österreich ist es nicht allein, aber vor allem die FPÖ, die vorurteilsbehaftete und generalisierende Betrachtungsweisen dazu benutzt, um Menschen die Individualität abzusprechen und Trennlinien zwischen behaupteten homogenen Gruppen einzuziehen. Diese Trennlinien dienen dann wiederum als Grundlage, um die von Rechten betriebene Frontenbildung durchzusetzen und auf Ausschluss und Diskriminierung hinzuarbeiten.

Daher die Warnung Nummer 15: Nationalismus und Rassismus sind keine überwundenen Relikte der Vergangenheit, sondern eine aktuelle Gefahr. Es sind nicht nur einige wenige Spinner, die mit nationalistischem und rassistischem Denken aufgewachsen sind. Sehr viele von uns wurden im Laufe unserer Sozialisation mit unterschiedlichen Formen von Vorurteilen, Generalisierungen und gruppenbezogener Menschenfeindlichkeit konfrontiert. Sehr viele von uns haben Teile davon verinnerlicht. Im Idealfall haben wir einen großen Teil davon wieder verlernt. Doch nicht allen fällt dieses Verlernen leicht. Viele empfinden die Anstrengung, die damit verbunden ist, als unangenehm. Die populistische und extreme Rechte macht sich das zunutze. Und sie hat dabei allzu oft leichtes Spiel, weil vielen das Bewusstsein dafür verloren gegangen ist, wie wichtig die Bekämpfung von Nationalimus und Rassismus ist und dass es ein Kampf ist, der gerade mit der zunehmenden Distanz zu den nationalistischen und rassistischen Großverbrechen des Nationalsozialismus immer wieder intensiv geführt werden muss.

16. Demokratiekrise und Selbstdarstellung als Superdemokraten

Die repräsentative Demokratie ist in einigen Ländern in die Krise geraten. Viele Menschen trauen ihr nur noch eine begrenzte Fähigkeit zu, aktuelle Probleme zu lösen. Die Komplexität repräsentativer demokratischer Systeme, ihre oftmals nicht leicht durchschaubaren und nicht durchgehend transparenten Mechanismen der Entscheidungsfindung und des Interessenausgleichs führen zu Unzufriedenheit. Zugleich sind die Ansprüche an demokratische Systeme hinsichtlich Klarheit, Einfachheit, Geschwindigkeit und auch Unterhaltsamkeit gewachsen. Die Empörungskultur in sozialen Netzwerken wirkt sowohl hinsichtlich der Ansprüche an die Demokratie als auch hinsichtlich der wachsenden Unzufriedenheit als zusätzlicher Beschleuniger.

Diese Demokratiekrise spielt der populistischen und extremen Rechten in die Hände. Sie bezeichnen sich nicht nur als Kämpfer gegen „das System“, das „vom Establishment“ kontrolliert werde, sondern sie versuchen sich auch als „Superdemokraten“ zu positionieren. Sie fordern schlanke Entscheidungsstrukturen, starke Entscheidungsträger und stellen Mehrheitsentscheide der Bevölkerung mittels Referenden über repräsentativ-demokratische Entscheidungsformen. Mit der Selbstdarstellung als „Superdemokraten“ versucht die Rechte aber auch jede Diskussion darüber abzuwehren, ob Teile ihrer eigenen Aktivitäten als demokratiefeindlich zu bewerten sind.

In Österreich betont die FPÖ immer wieder: „Das Recht muss vom Volk ausgehen.“ So auch FPÖ-Obmann Heinz-Christian Strache bei seiner Rede zum österreichischen Nationalfeiertag am 26. Oktober 2016: „Das Recht muss vom Volk ausgehen. Das sagt unsere Bundesverfassung. Wir müssen uns ehrlich fragen, ob das nicht inzwischen totes Recht ist. Bei all den Entscheidungen, die über unsere Köpfe hinweg getroffen werden.“

Doch Strache gibt die österreichische Bundesverfassung verkürzt wieder. Wortwörtlich heißt es in Artikel I des österreichischen Bundesverfassungsgesetzes: „Österreich ist eine demokratische Republik. Ihr Recht geht vom Volk aus.“ Das bedeutet, das Recht der Republik, Beschlüsse zu fassen, muss auf das Volk zurückführbar sein – sprich: Es muss demokratische Wahlen geben. Die Gesetzgebung geht demgegenüber im Regelfall nicht direkt von der Bevölkerung aus, sondern Gesetze werden von gewählten Gremien, wie etwa dem Parlament, beschlossen. Zusätzlich dazu kennt die österreichische Verfassung auch Elemente der direkten Demokratie, wie Volksbefragungen, Volksbegehren und Volksabstimmungen. Noch unmissverständlicher findet sich die repräsentative Demokratie im deutschen Grundgesetz verankert: „Alle Staatsgewalt geht vom Volke aus. Sie wird vom Volke in Wahlen und Abstimmungen und durch besondere Organe der Gesetzgebung, der vollziehenden Gewalt und der Rechtsprechung ausgeübt.“

In einer repräsentativen Demokratie müssen Beschlussgremien wie das Parlament ihre Entscheidungen gegenüber der Bevölkerung verantworten. Die Vertreterinnen und Vertreter des Gremiums müssen sich Wahlen stellen. Es steht den demokratischen Gremien jedoch frei, Beschlüsse zu fassen, die sich gegen Umfragenmehrheiten in der Bevölkerung und gegen aufgeheizte Stimmungslagen richten.

Die Bundesverfassung wird also nicht, wie Strache behauptet, zu einem „toten Recht“, wenn die Regierung oder das Parlament demokratische Beschlüsse fassen – auch dann nicht, wenn Umfragen sagen, diese Beschlüsse seien unpopulär.

Demokratie ist in jedem Fall weit mehr als eine direkte oder indirekte Abstimmungsmaschinerie. Demokratie ist auch und vor allem gelebte Beteiligungs- und Diskussionskultur, die darauf aufbaut, dass gut zugängliche, verständliche, kritische, differenzierte, seriös recherchierte und nachprüfbare Informationen verfügbar sind. Zu einer funktionierenden Demokratie gehören darüber hinaus auch die Bekämpfung von Korruption und die Verhinderung von Vetternwirtschaft. Und nicht zuletzt fußt Demokratie auf dem Schutz von Grund- und Minderheitenrechten.

In Bezug auf viele der eben genannten Punkte lässt gerade die populistische und extreme Rechte ein großes Unverständnis von Demokratie und teilweise sogar Demokratiefeindlichkeit erkennen.

Daher die Warnung Nummer 16: Es ist fahrlässig, die Krise der repräsentativen Demokratie zu unterschätzen. Demokratie ist kein Selbstläufer, sie braucht permanente Pflege. Sobald ihre Anpassung an veränderte Ansprüche versäumt wird und die Demokratiebildung der Bevölkerung vernachlässigt wird, werden Spielräume für demokratiefeindliche Gruppierungen geschaffen. Diese legen den Finger dann auf wunde Punkte, allerdings nicht, um diese zu heilen, sondern um einen Wundbrand zu erzeugen, der demokratische Systeme und Errungenschaften nachhaltig schwächt.

17. Pessimismus bis hin zur Untergangsstimmung

Sozialen, kulturellen, wirtschaftlichen und sicherheitsbezogenen Pessimismus zu erzeugen und apokalyptische Bilder von Verfall und Unsicherheit zu zeichnen, gehört zum fixen Repertoire der populistischen und extremen Rechten. Immer wieder wird vom drohenden „Untergang“ gesprochen. Gewaltszenarien bis hin zu einem nahenden Bürgerkrieg werden in den Raum gestellt. Als Hauptursache und Hauptgefahrenquelle werden einzelne Feindbildgruppen, Migration und Politiker, die Migration zulassen, genannt. Und es wird die Unmöglichkeit des friedlichen Zusammenlebens in Vielfalt betont.

In Österreich sprach FPÖ-Parteiobmann Strache Ende Oktober 2016 in seiner Rede zur „Lage der Nation“ von der „unverantwortlichen, kriminellen Flüchtlingspolitik der deutschen Bundeskanzlerin“ und nannte Merkel die „gefährlichste Frau Europas“. Strache malte düstere Gewaltszenarien an die Wand: „Durch den ungebremsten Zustrom von kulturfremden Armutsmigranten, die in unser Sozialsystem einsickern, wird unser von Solidarität und Zusammenhalt getragenes gesellschaftliches Gefüge in seinen Grundfesten erschüttert. Das macht mittelfristig Konflikte nicht unwahrscheinlich, bis hin auch zu Terror, bis hin zu bürgerkriegsähnlichen Szenarien, die wir nicht wollen in unserem Heimatland und auch nicht in Europa.“ „Die Katastrophe ist vorprogrammiert“, fügte Strache hinzu, denn „die ethnisch, kulturell fremde Zuwanderung darf ein gewisses Maß nicht überschreiten, wenn eine Integration und Anpassung möglich sein soll.“

Der Hinweis auf „nicht unwahrscheinliche Konflikte bis hin zu bürgerkriegsähnlichen Szenarien“ war eine bewusst gesetzte Provokation von Strache. Einmal mehr hatte er damit Erfolg. Diese Passage seiner Rede löste eine politische Debatte darüber aus, ob es in Ordnung sei, davon zu reden, dass in Österreich ein Bürgerkrieg drohe. Politiker aller Parteien meldeten sich zu Wort.

Wie so oft ruderte Strache kurz darauf etwas zurück, um zugleich weiter seine Botschaften zu trommeln: „Ich habe in meiner Rede nicht gesagt, dass demnächst ein Bürgerkrieg ausbricht … Ich phantasiere nicht von bevorstehenden Straßenschlachten in Wien, obwohl niemand ausschließen kann, dass die auf uns zukommen, sondern ich habe vor solchen Entwicklungen in Europa gewarnt. Ich sage es ausdrücklich noch einmal: Wer diese Gefahren nicht sieht, wer ihnen nicht aktiv Einhalt zu gebieten versucht, der ist überall besser aufgehoben als in der Politik!“

Parteien wie die FPÖ oder die AfD wissen, dass sie Angst und Pessimismus brauchen, um Stimmen zu gewinnen. Je gereizter und angespannter das Klima ist, je mehr Misstrauen und negative Zukunftsszenarien die Stimmung beherrschen, desto größer sind die Chancen, dass sich mit Frontenbildung und gruppenbezogener Menschenfeindlichkeit Wahlerfolge erzielen lassen.

Gerade in diesen Tagen sind die Umfeldbedingungen für negative Zukunftsvisionen besonders günstig. Laut Zahlen des Meinungsforschungsinstituts SORA erwartet in Österreich jeder Zweite, dass sich die Lebensqualität in den nächsten Jahren verschlechtern werde. Der Leiter von SORA, Christoph Hofinger, betont, dass die Zukunftsangst stark zugenommen habe. Dafür seien nur zu einem kleinen Teil objektive Umstände ausschlaggebend. Auffallend sei, so Hofinger im Januar 2017 in der Zeitung „Der Standard“, dass viele zwar davon ausgehen, dass es Österreich schlechter gehen werde, aber wesentlich weniger meinen, dass sie selber betroffen sein werden.

Wie entscheidend der Einfluss positiver oder negativer Zukunftserwartung auf das Wahlverhalten ist, zeigte sich bei der vergangenen österreichischen Bundespräsidentschaftswahl (die in Österreich eine Wahl durch die wahlberechtigte Bevölkerung ist). Fast drei Viertel der eher optimistisch eingestellten Wahlberechtigten stimmten für den von den Grünen unterstützten Kandidaten Van der Bellen. Umgekehrt stimmten von den eher pessimistisch eingestellten Personen fast zwei Drittel für den FPÖ-Kandidaten Hofer.

Daher die Warnung Nummer 17: Der Verweis auf ein hohes Niveau an erreichtem Wohlstand, an Sicherheit und Friedlichkeit ist kein Ersatz für fehlende positive Entwicklungsszenarien und fehlende politische Hoffnungsträgerinnen und Hoffnungsträger. Zeiten, in denen politische Akteure nicht in der Lage sind, positive Zukunftsszenarien und Visionen zu entwickeln und zu kommunizieren, sind das perfekte Unterfutter für den Aufstieg populistischer und extremistischer Gruppierungen. Die seit jeher gepredigten Untergangsbilder dieser Gruppierungen erhalten dann plötzlich den Nimbus einer „weisen Voraussagung" und die auf Frontenbildung und Eskalation ausgerichteten „Lösungen" dieser Gruppierungen gewinnen an Attraktivität – sie werden zu einer Art Ersatzmedizin mit erheblichen Nebenwirkungen.

18. Verführerischer Egoismus

Ein erheblicher Teil der „Lösungen", die von populistischen und extremen Rechtsparteien angeboten werden, baut auf nationalistischem Egoismus auf. Dieser wird als Rettungsanker gepriesen, als eine Art Zeitmaschine, mit der sich in ein „verloren gegangenes Paradies" zurückkehren ließe. Seit FPÖ-Obmann Jörg Haider 1993 sein Anti-Einwanderungs-Volksbegehren unter das Motto „Österreich zuerst“ stellte, zieht sich das Propagieren von radikalem Nationalismus als „Lösung“ durch die Kampagnen der FPÖ.

Im Jahr 2012 nutzte die FPÖ die Finanzkrise rund um Griechenland, um eine groß angelegte Kampagne unter dem Motto „Unser Geld für unsere Leut’“ zu starten. Die Bundesregierung wurde aufgefordert, Geld nur noch für Österreicherinnen und Österreicher bereitzustellen. Mit dem gleichen „Unser Geld für unsere Leut’“-Slogan wirbt die FPÖ seitdem nicht nur für die Einstellung von Kreditvergaben an das Ausland, sondern auch dafür, in Österreich Sozialleistungen nur noch an österreichische Staatsbürger zu zahlen.

Neben den Landesgrenzen sollen auch die Grenzen für länderübergreifende Solidarität dichtgemacht werden. Und es sollen, wenn es nach dem Willen der Rechten geht, wirtschaftliche und soziale Mauern innerhalb des eigenen Landes aufgebaut werden. Es soll eine Ausländerunterschicht geschaffen werden, der jegliche soziale Unterstützungsleistung verweigert wird – und die so aus dem Land vertrieben werden soll.

Damit entstünde jedoch ein massives Problem, denn unzählige Beziehungen, die unseren Alltag prägen, würden davon beeinflusst werden. Viele dieser Beziehungen würden auseinanderbrechen, wenn fixe Trennlinien entlang von Kriterien wie

Herkunft, Hautfarbe, Religion, Pass oder Sprache eingeführt werden würden.

Das gilt für die Beziehungen der Menschen innerhalb eines Landes, aber auch für zwischenstaatliche Beziehungen. Würden alle europäischen Staaten auf puren nationalistischen Egoismus schalten, hätten wir bald wieder Kriege.

Für ein funktionierendes, sowohl persönliches als auch zwischenstaatliches, Zusammenleben braucht es ein gewisses Maß an Offenheit, Kompromissfähigkeit, Solidarität und damit einhergehend die Bereitschaft, manchmal auch etwas herzugeben und einzubüßen, um woanders und vielleicht erst langfristig wiederum etwas zu gewinnen.

Die reale Umsetzung von einfachen und eindrücklichen Slogans wie „Unser Geld für unsere Leut'" würde in letzter Konsequenz den Zusammenbruch des Wirtschaftens bedeuten. Am Ende gäbe es wohl gar kein Geld für gar keine Leut' mehr. Es ist kein Zufall, dass Parteien wie die FPÖ es tunlichst vermeiden, konkrete Szenarien und Berechnungen bezüglich der Konsequenzen ihrer Forderungen auf den Tisch zu legen.

Den Populisten und Extremisten geht es denn auch um etwas ganz anderes als um echte Problemlösungen. Es soll der – für manche idyllisch wirkende – Gedanke befeuert werden, dass ein

Land für sich allein existieren könne und den Rest der Welt nicht brauche. Und es soll der Glaube erzeugt werden, innerhalb eines von Vielfalt geprägten Landes könne man die Menschen fein säuberlich so wie das Eigelb vom Eiweiß in Inländer und Ausländer, in „echte Bürger“ und „Fremde“, trennen – und die getrennten Gruppen unterschiedlich behandeln, die einen schätzen und unterstützen und die anderen verachten und sich selbst überlassen.

Den Personen, die als „Inländer“ und „echte Österreicher“ geschätzt und unterstützt werden sollen, versucht die Rechte das Gefühl zu vermitteln, sie hätten Privilegien verdient. Ihnen würde es gut gehen, wenn die FPÖ einmal an die Macht käme. Das wirkt für viele verlockend, gerade in einer Zeit, in der sich immer mehr Menschen im Stich gelassen fühlen, in der die soziale Schere zunehmend weiter aufgeht und in der ein Mangel an Solidarität spürbar ist. Dass radikaler nationalistischer Egoismus recht rasch in einen Verlust an Stabilität, in mehr Armut und Gewalt und in einen markanten Wohlstandsverlust münden würde, wird durch das wohlig warme Gefühl der Bevorzugung und des Im-Mittelpunkt-Stehens überdeckt.

In Österreich gibt es im Moment noch eine – allerdings knapper werdende – Mehrheit, die nicht für jede nationalistische Egoismus-Propaganda zugänglich ist. Als es um das Amt des österreichischen Bundespräsidenten ging, setzte die FPÖ zwischenzeitlich auf den sogenannten „Öxit“, den möglichen Ausstieg Österreichs aus der Europäischen Union. Doch bald wurde klar, dass diese Forderung in Österreich derzeit nicht mehrheitsfähig ist und sich mit einer Pro-„Öxit“-Kampagne keine 50-Prozent-Mehrheit für den FPÖ-Kandidaten Norbert Hofer finden lässt. Daraufhin wurde umgehend zurückgerudert. Die FPÖ ließ die „Lösung“ eines „Öxit“ wieder fallen.

Daher die Warnung Nummer 18: Nationalistischer Egoismus gewinnt an Verführungskraft, wenn konstruktiver Politik keine umfassenden Lösungen mehr zugetraut werden. Die Strahlkraft von Nationalismus hängt auch davon ab, ob es Wissen um die Konsequenzen von nationalistischer Separation und Isolation gibt und ob ein Bewusstsein darüber besteht, dass in Einwanderungsländern eine klare Grenzlinie zwischen Inländern und Ausländern weder möglich noch wünschenswert ist. Darüber hinaus spielt es eine Rolle, ob sich eine Gesellschaft generell in Richtung sozialen Ausgleichs oder in Richtung zunehmender sozialer Spaltung bewegt. Eine Gesellschaft mit größer werdender sozialer Kluft ist auch für andere Zerklüftungen anfällig. Zu guter

Letzt ist entscheidend, ob es Identitätsangebote gibt, die nicht auf Frontenbildung beruhen, sondern auf Kooperation und gemeinsamen Errungenschaften. Kooperative, gruppenübergreifende Identifikationsangebote, die ohne Feindbildgruppe auskommen, sind Gift für die populistische und extreme Rechte.

19. Schlechtes Image von Politik (und Medien)

Es gehört mit zu den Erfolgsfaktoren der populistischen und extremen Rechten, dass sie kaum Skrupel kennt. In Österreich hat die Parteispitze der FPÖ seit vielen Jahren kein Problem damit, Unwahrheiten zu verbreiten, zu diffamieren, zu verleumden, Menschen gegeneinander auszuspielen und aufeinanderzuhetzen. Die FPÖ-Führung schreckt auch nicht davor zurück, Dinge zu verlangen, deren Umsetzung in diametralem Widerspruch zu nationalem oder internationalem Recht steht oder die rein faktisch gar nicht umsetzbar sind. Sowohl kommunikative Ethik als auch Handlungsethik werden dem Ziel, Stimmen zu fangen und der eigenen Ideologie zum Durchbruch zu verhelfen, untergeordnet.

Das Bemerkenswerte dabei ist: Die FPÖ kommt bei ihren Wählerinnen und Wählern mit ihrer Skrupellosigkeit großteils durch. Das hat vor allem zwei Gründe: Zum einen haben viele eine derart schlechte Meinung von der Politik im Allgemeinen, dass sie das skrupellose Handeln der FPÖ nicht abstößt. Die Politik wird insgesamt als Sumpf wahrgenommen, in dem alle lügen, alle korrupt sind, niemand an echten Lösungen interessiert ist und alle gegeneinander hetzen. Unterschiedliche Grade und Ausformungen von Skrupellosigkeit, Lüge oder Hetze werden nicht mehr wahrgenommen.

Zum anderen wiegen für viele die Rahmenerzählungen, die Parteien wie die FPÖ anbieten, und die emotionalen Bedürfnisse, die sie befriedigen, höher als faires politisches Handeln. Auch wenn bekannt ist, dass die FPÖ beispielsweise nachweislich falsche Gerüchte über Asylsuchende streut, wird ihr das nicht übel genommen, weil erstens in der Politik sowieso überall gelogen wird, und weil man zweitens ja schon irgendwann und irgendwo Ähnliches über Asylsuchende gehört hat. Und darüber hinaus kommt die Rahmenerzählung, dass Asylsuchende bedrohlich seien, es zu viele von ihnen gebe und es eine „Asylsuchende raus"-Politik brauche, bei einigen gut an.

Über das hohe politische Gewicht von Rahmenerzählungen und Emotionalisierungen haben wir bereits gesprochen. Das schlechte Image einer „insgesamt verkommenen Politik", das es anscheinend erlaubt, selbst verkommen zu sein, sollte jedoch nicht außer Acht gelassen werden. Teile der Medien, aber auch die Rechte selbst tun alles, um dieses Bild der insgesamt verkommenen Politik zu forcieren.

So wird von Populisten und Extremisten bewusst die Unterscheidung verwischt, ob ein Politiker auf eine Frage mit Ausweichen und Ablenken reagiert, oder ob er gezielt Falschinformationen und Geschichten, die so niemals stattgefunden haben, verbreitet – beides wird gleichermaßen als „Lüge" tituliert.

Es wird auch gezielt darüber hinweggetäuscht, dass es einen Unterschied gibt zwischen scharfer und bisweilen polemischer Kritik an politischen Mitbewerbern und Hetze gegen Menschen aufgrund ihrer Herkunft, Hautfarbe oder Religionszugehörigkeit – alles wird gleichermaßen unter dem Begriff „Hetze" vermerkt.

Auch in Bezug auf negative Äußerungen in sozialen Netzwerken werden Unterschiede verwischt. Wenn auf einer Facebook-Seite einzelne Hasspostings auftauchen, die aber sofort gelöscht werden, sobald sie wahrgenommen werden, dann ist das eine Sache. Wenn aber auf einer Seite gezielt zu Hass angestachelt wird und Hasspostings bewusst lange nicht gelöscht werden, während Kommentare, die zu Mäßigung aufrufen, sofort verschwinden, dann ist das eine ganz andere Sache. Dennoch wird vonseiten der Rechten diesbezüglich bewusst nicht differenziert und beides wird in der Rubrik „Hass schüren“ abgelegt.

Das Verwischen solcher Unterscheidungen und die Verbreitung einer „Es sind alle gleich schmutzig“-Stimmung gehört mit zu den Erfolgsfaktoren der populistischen und extremen Rechten.

Der amerikanische Präsident Donald Trump versucht dieses Vorgehen auf die Spitze zu treiben. Er bezeichnet Medien, die kritische Berichte über ihn bringen und ihm kritische Fragen stellen, als „Fake News“. Trump will die Grenzen zwischen Medien, die tatsächlich gezielt Falschinformationen verbreiten, und Medien, die kritisch und für ihn unliebsam berichten, auflösen. Am Ende sollen alle Medien als gleichermaßen unglaubwürdig dastehen – zum Vorteil der Medien, die systematisch mit Falschinformationen operieren.

Daher die Warnung Nummer 19: Ein pauschal schlechtes Image von Politik und Medien gehört mit zu den Aufstiegsbeschleunigern der Rechten. Es gibt Politiker, die einiges an Skrupel haben, und es gibt Politiker, die keine Skrupel haben. Wer beim Spiel des Verwischens solcher Unterschiede mitmacht, betätigt sich als Gehilfe der Populisten und Extremisten. Dasselbe gilt für die Gleichmacherei unterschiedlich seriöser Medien.

Ein undifferenzierter Einheitsbrei der Wahrnehmung von „durchgehend skrupelloser“ Politik und „durchgehend lügenden“ Medien ist die Suppe, aus der wahrhaft skrupellose Politikerinnen und Politiker sowie gezielt Lügen verbreitende Medien aus dem Vollen schöpfen können.

20. Skepsis gegenüber positivem Handeln

„Wir können nicht alle Probleme der Welt lösen“ und „Wir sind nicht das Sozialamt der ganzen Welt“ lauten oftmals verwendete Sprüche der FPÖ. Besser, man tue nichts zur Problemlösung, als man halse sich zu große Herausforderungen auf, so das dahinterstehende Motto. Die FPÖ kann damit an eine weitverbreitete Skepsis gegenüber solidarischem Handeln anknüpfen – insbesondere, wenn es um Menschen in Not geht, die von außerhalb Europas kommen.

Diese Skepsis geht teilweise so weit, dass jeglicher Akt des Helfens als weltfremd abgestempelt wird. Personen, die etwa Geflüchtete unterstützen, werden mit Bezeichnungen wie „Gutmensch“ oder „Willkommensklatscher“ versehen, und ihnen wird vorgeworfen, sie seien schuld an Problemen oder Verbrechen, die von Tätern mit Asylbewerberstatus begangen werden. Im Extremfall wird Helferinnen und Helfern gewünscht, sie mögen doch selbst zum Opfer von Verbrechen werden.

Was dabei verkannt wird: Positives Handeln gegenüber Menschen, die sich in schwierigen Lebenssituationen befinden, ist eine der stärksten integrativen Kräfte, die eine Gesellschaft aufbieten kann. Hilfeleistungen oder auch nur Dialog können verhindern, dass Menschen an den Rand gedrängt werden. Hilfsbereitschaft ist darüber hinaus Ausdruck, Verstärker und Vermittler einer Kultur der Menschlichkeit, der Solidarität und auch der Gleichberechtigung.

In Österreich haben die Zentrumsparteien – und hier insbesondere die ÖVP – daran mitgewirkt, die sogenannte Willkommenskultur Stück für Stück zu diskreditieren. Als die große Welle der Hilfsbereitschaft gegenüber Geflüchteten im Herbst 2015 abebbte und Stimmen, die von einer Überforderung sprachen, die Oberhand gewannen, wurden die Helferinnen und Helfer plötzlich als Krisenverursacher gebrandmarkt. Es gelang der Regierung nicht einmal mehr, eine differenzierte Position einzunehmen, die die Forderung nach einer Verringerung der Aufnahme von Geflüchteten mit der Beibehaltung einer Kultur des positiven Handelns gegenüber Neuankommenden verbindet. Österreichs Minister für Äußeres und Integration, Sebastian Kurz, der eine Willkommenskultur noch zwei Jahre zuvor als Instrument der Integration eingefordert hatte, ließ nicht nur den Begriff wie eine heiße Kartoffel fallen, sondern erklärte auch die Menschen, die Hilfe leisteten, zu Mitschuldigen an der europäischen Solidaritätskrise.

Mit dieser Diskreditierung von positivem Handeln wurde der populistischen und extremen Rechten gleich doppelt in die Karten gespielt. Den Menschen, die Hilfe leisten, wurde der Rückhalt genommen, und es wurde die generelle Skepsis gegenüber dem Sinn von positivem Handeln genährt.

Daher die Warnung Nummer 20: Populisten und Extremisten profitieren nicht nur vom Glauben an den nahenden Untergang, sondern auch vom Unglauben, mit solidarischem, hilfsbereitem Handeln Positives bewirken zu können. Wer diesen Unglauben bestärkt, stärkt die Rechten. Wer hingegen Hilfsbereitschaft fördert und engagierten Menschen Rückhalt bietet, stärkt eine Kultur der Menschlichkeit und der Solidarität.

20 Lehren für Deutschland

Die Beschäftigung mit den Erfolgsfaktoren und Stärken der populistischen und extremen Rechten ist der Grundstein dafür, um Gegenstrategien entwickeln zu können und an der Stärkung einer weltoffenen Politik und Gesellschaft zu arbeiten. Was kann nun Deutschland aus den Fehlern, die in Österreich im Umgang mit den Rechten gemacht wurden, lernen? Wie können Bedingungen geschaffen werden, die es Populisten und Extremisten deutlich schwerer als bisher machen, erfolgreich zu sein? Im Folgenden finden sich 20 Lehren, die Deutschland aus den Entwicklungen in Österreich ziehen kann, um die populistische und extreme Rechte erfolgreich einzubremsen.

1. Macht die große Koalition nicht zur Dauereinrichtung!

Wenn die große Koalition einmal, so wie in Österreich, zur Dauereinrichtung geworden ist, dann ist es zu spät. In Österreich hat es seit 1945 bereits 20 Mal eine große Koalitionsregierung auf Bundesebene gegeben. In Deutschland hat es hingegen bislang nur drei Bundesregierungen bestehend aus CDU/CSU und SPD gegeben, und noch nie zweimal hintereinander.

Nach der CDU/CSU-SPD-Koalition von 1966 bis 1969 unter Bundeskanzler Kurt Georg Kiesinger folgte eine sozialliberale Koalition bestehend aus SPD und FDP. Nach der zweiten großen Koalition von 2005 bis 2009 unter Bundeskanzlerin Angela Merkel folgte eine konservativ-liberale Koalition von CDU/CSU und FDP. Die große Frage ist nun: Was folgt nach der 2013 gebildeten dritten deutschen großen Koalition?

Sollte eine weitere große Koalition folgen – zum ersten Mal direkt nach einer bereits bestehenden –, könnte dies gravierende Folgen für das politische Gefüge in Deutschland haben. Dann droht eine Situation wie in Österreich, wo eine verfestigte große Koalition den politischen Außenkräften nachhaltig Auftrieb gegeben hat.

Sowohl CDU/CSU als auch SPD sollten daher ein Bekenntnis ablegen, nach der kommenden Bundestagswahl keine weitere große Koalition miteinander zu bilden. Eine der beiden Parteien muss auf die Beteiligung an der Regierungsmacht verzichten und in die Opposition gehen.

2. Lasst die Rechten nicht die Agenda diktieren! Bringt eure Themen ins Gespräch!

Populisten und Extremisten sind Meister in der Erzeugung von Aufmerksamkeit. Sie tun alles, um die Bevölkerung, die Medien und sogar ihre politischen Kontrahenten in ihren Bann zu ziehen. Die von ihnen betriebene Aufmerksamkeitsmaschinerie feuert täglich über die unterschiedlichsten Kanäle Salven an provokativen Aussagen ab, die ihnen Beachtung und Raum zur Verbreitung ihrer Botschaften garantieren sollen.

So wichtig es ist, Kritik an klaren Grenzüberschreitungen der Rechten in Richtung Menschenverachtung, Lüge, Verleumdung, Rassismus und Hetze zu üben, so wichtig ist es auch, nicht jeder Provokation hinterherzulaufen. Nicht alles, was von Populisten und Extremisten kommt, sollte aufgegriffen, kommentiert und weiterverbreitet werden. Es sollte nur noch auf solche Provokationen und Fehltritte der Populisten und Extremisten reagiert werden, die tatsächlich massive Grenzverletzungen darstellen, die in einer demokratischen Gesellschaft nicht hingenommen werden können.

Die folgenden drei Fragen zum Umgang mit empörenden Aussagen und Handlungen von Populisten und Extremisten können als Richtschnur dienen:

1. Handelt es sich bei der Aussage oder Handlung um eine neue, massive Grenzverletzung oder um eine schon öfters gehörte „übliche“ Provokation?

2. Wenn es sich um eine neue, massive Grenzverletzung handelt, wie thematisiere ich diese Grenzverletzung öffentlich so, dass ich dabei nicht zum Steigbügelhalter für die Begriffe, Bilder und Botschaften der Populisten und Extremisten werde und ihnen auch nicht den Weg in eine Opferrolle ebne?
3. Wenn es sich um eine schon öfters gehörte „übliche“ Provokation handelt, was will der politische Akteur mit der wiederholten Provokation erreichen, welche Bevölkerungsgruppe will er bedienen, wen will er bewusst gegen sich aufstacheln, und schadet es oder hilft es den Anliegen des Provokateurs und meinen Anliegen, wenn ich auf die Provokation einsteige, meiner Empörung öffentlich Luft mache und dem Provokateur damit Aufmerksamkeit zuschanze?

Auch Medien sollten überdenken, wie viel Raum sie rechten Provokationen und Provokateuren geben wollen und ob sie sich weiter immer wieder zum willfährigen Gehilfen bei der Themensetzung und Polarisierung durch populistische und extremistische Gruppierungen machen wollen. Darüber hinaus sollten all jene, die gegen die populistische und extreme Rechte sind, verstärkt selbst Themen setzen. Sie sollten über das reden, was sie selbst tun, was ihnen selbst wichtig ist und was sie selbst erreichen wollen.

3. Lernt mit dem Framing und Emotionsspiel der Rechten umzugehen!

Framing spielt eine enorm wichtige Rolle in der Politik. „Framing“ steht für die Beeinflussung der Wahrnehmung von Realität durch das Erzeugen eines bestimmten Bedeutungsumfelds für Äußerungen und Themen. Beim Kampf um das Framing geht es nicht nur um die Deutung, ob ein Glas halb voll oder halb leer ist, sondern auch darum, ob überhaupt über den Inhalt des Glases geredet wird oder stattdessen über das Aussehen und die Form des Glases oder über das Objekt, auf dem das Glas steht, oder die Person, die das Glas beobachtet und sich vielleicht dazu anschickt, es ganz zu leeren oder neu zu füllen oder fallen zu lassen oder gar jemanden damit zu bewerfen.

Gelingt es politischen Akteuren, ihre Bedeutungs- und Erzählrahmen durchzusetzen, dann sind sie auf der Gewinnerseite. Das gilt oft auch dann, wenn diese Akteure gleichzeitig der Lüge, des Rassismus, der Verleumdung und/oder der Verstrickung in rechtsextreme Netzwerke überführt werden. Das macht das Aufdecken und Kritisieren von Verfehlungen nicht bedeutungslos, aber es braucht mehr als das, nämlich auch den Kampf um die Hoheit über die Deutung und Einordnung von Themen und Ereignissen, um aufstrebenden populistischen und extremistischen Kräften entgegenzuwirken.

An der Durchsetzung bestimmter Frames sind nicht nur die Akteurinnen und Akteure in der Politik beteiligt, sondern wir alle. Es liegt an uns, Erzählrahmen zu erkennen und sie nicht weiter zu transportieren, wenn wir sie nicht gutheißen. Oftmals geschieht das Weitertransportieren von Erzählrahmen ungewollt, indem wir, wenn wir eigentlich Kritik an der populistischen und extremen Rechten üben wollen, ihr Vokabular, ihre Bilder und ihre Botschaften in die Welt hinaustragen, zu ihnen verlinken und ihnen damit Aufmerksamkeit und Raum für weitere Botschaften zuschanzen. Wir müssen, wenn wir die rechte Frontenbildungs- und Sündenbockideologie ablehnen, mehr als bisher darauf achten, Worte, Bilder und Geschichten jenseits dieser Ideologie zu stärken und zu verwenden.

Darüber hinaus dürfen wir uns nicht zum Handlanger der von der extremen Rechten betriebenen Emotionalisierung und Faktenbefreiung machen. Die Verbreitung von Faktenwissen hat nichts an Wichtigkeit eingebüßt. Ganz im Gegenteil, sie ist nach wie vor eine unentbehrliche Grundlage, um dem Schüren von falschen Ängsten, Neid und Missgunst vorzubauen.

4. Stärkt seriösen Medien den Rücken!

Medienkritik ist wichtig, aber sie muss differenziert bleiben und darf nicht alle Medien in einen Topf werfen. Es gilt, klar zu unterscheiden zwischen Medien, die unbeabsichtigt Fehler machen, und solchen, die ihr Publikum gezielt in die Irre führen. Es gilt auch, klar zu unterscheiden zwischen Medien, deren Berichterstattung fallweise weltanschauliche Verzerrungen aufweist, und solchen, die von vornherein keinerlei Interesse an seriöser Informationsvermittlung haben, sondern systematisch Kampagnen betreiben, emotionalisieren und teilweise sogar zu Hass anstacheln.

Diese wichtige Trennlinie zwischen seriösen Medien auf der einen Seite, die Schwächen haben und Fehler machen, und Medien auf der anderen Seite, deren Geschäftsmodell Agitation und systematische Desinformation ist, darf nicht verwischt werden.

„Lügenpresse"-Rufe, die versuchen, seriösen Medien jegliche Glaubwürdigkeit abzusprechen, um damit unseriösen Medien den Weg zu bereiten, müssen deutlich zurückgewiesen werden. Zugleich gilt es aber auch, Fehler seriöser Medien anzusprechen und darauf hinzuwirken, diese Medien noch besser zu machen.

Es braucht auch die Bereitschaft, seriösen Journalismus finanziell zu unterstützen und als Hauptinformationsquelle und Korrektiv für unseriöse Medien zu stärken. Die fatale Entwicklung, dass Beiträge unseriöser Medien frei in sozialen Netzwerken teilbar und verbreitbar sind, während immer mehr Beiträge seriöser Medien nur noch einem eingeschränkten Bezahlleserkreis zugänglich sind, muss gestoppt werden. Seriöse Medien sollten, wenn sie sich für Bezahlmodelle entscheiden, solidarische Modelle entwickeln, die das freie Verbreiten und Lesen von Beiträgen auch durch Personen, die nicht bezahlt haben, ermöglichen. Dazu braucht es die Bereitschaft zahlungsfähiger Personen und Institutionen, denen die Zukunft unserer Demokratien am Herzen liegt, mehr als „nur" ihren Benutzeranteil zu zahlen.

Zu guter Letzt sollten alle, die in sozialen Netzwerken aktiv sind, viel mehr als bisher darauf achten, möglichst keine unseriösen Medien zu verlinken und sie nur wohlüberlegt zu erwähnen – etwa, wenn das zur Aufklärung über Falschinformationen erforderlich ist.

5. Schafft eine Kultur des verantwortungsvollen Handelns in sozialen Netzwerken!

Meinungsfreiheit ist ein extrem hohes Gut. Soziale Netzwerke haben Räume geschaffen, um Meinungen kundzutun, zu informieren, sich auszutauschen und für Unterhaltung zu sorgen. Doch soziale Netzwerke haben auch eine Schattenseite, die immer dominanter zutage tritt: Sie ermöglichen den Missbrauch der rasend schnellen Kommunikations- und Verbreitungswege für Desinformation, Angstmache, Mobbing, Aufwiegelung, Drohung, Verleumdung und Verhetzung.

Dieser Schattenseite der sozialen Netzwerke lässt sich zum Teil rechtsstaatlich durch polizeiliche Anzeigen und Klagen begegnen, wenn auch jeweils nur mit Verzögerung, und zum Teil durch Gegeninformation. Allerdings erreichen die Gegeninformationen zu Falschmeldungen oft nur einen Bruchteil der falsch informierten Menschen. Darüber hinaus muss man darauf achten, die Gegeninformation so zu gestalten, dass man die ursprüngliche Desinformation nicht noch weiter in die Welt hinausträgt und damit den falsch informierenden Personen und Seiten noch mehr Aufmerksamkeit einbringt.

Für die Etablierung einer breiten und nachhaltigen Kultur des verantwortungsvollen Handelns in sozialen Netzwerken braucht es ein Bündel an Maßnahmen, angefangen bei kritischer Internetbildung in Schulen über Aufklärungskampagnen für Erwachsene bis hin zu raschen Reaktionen von Betreibern und Behörden im Fall von Falschmeldungen und Gesetzesverstößen.

Insbesondere die Betreiberfirmen von sozialen Netzwerken müssen mehr als bisher in die Verantwortung genommen werden. Sie sollten sich verpflichten, Benutzerinnen und Benutzer der Netzwerke ausreichend über Gefahren und Fallen zu informieren und gefährliche Inhalte rasch zu löschen bzw. den Behörden zu melden. Darüber hinaus sollten Möglichkeiten geschaffen werden, dass Benutzerinnen und Benutzer Einträge, die sie nicht gut finden, kritisch kommentieren können, ohne dass dies zu einem höheren Ranking und der weiteren Verbreitung dieser Einträge führt.

6. Denkt Identität mit und stärkt eine Kultur der Grund- und Menschenrechte!

Die populistische und extreme Rechte zieht, wo immer es geht, zwei Grenzlinien: zum einen eine Grenzlinie zwischen „unseren Leuten“ und „den Fremden“ und zum anderen eine Grenzlinie zwischen den sich für „unser Volk“ einsetzenden rechten Gruppierungen und den „Volksverrätern“.

Mit diesen beiden Grenzlinien versucht die Rechte, Identitätsbedürfnisse anzusprechen und den Menschen, die sie zu „unserem Volk“ zählt, ein Gemeinschaftsgefühl zu geben und zum gemeinsamen Kampf gegen „die bedrohlichen und privilegierten Anderen“ aufzufordern.

Diese Grenzlinien funktionieren jedoch nur, wenn viele Menschen, entgegen der Realität in Europa, an einheitliche und geschlossene Völker und undurchlässige Trennlinien zwischen Bevölkerungsgruppen glauben. Die Anerkennung der Realität einer „vielfältigen Vielfalt“ ist ein wichtiger Schritt, um der Identitätspolitik der Rechten entgegenzuwirken.

„Vielfältige Vielfalt“ bedeutet, dass es eine Vielzahl an Merkmalen gibt, die Menschen vereinigen oder unterscheiden, und dass es fast immer so ist, dass Menschen, die ein oder mehrere Merkmale gemeinsam haben, sich in anderen Merkmalen unterscheiden. Das heißt, unsere Gesellschaften bestehen nicht aus einer Vielfalt an homogenen Gruppen, sondern aus einer Vielfalt an vielfältigen Menschen, deren Selbstwahrnehmung und/oder Fremdwahrnehmung als Gruppen nichts Naturgegebenes ist.

Die Wahrnehmung voneinander abgegrenzter Gruppen verliert umso stärker an Bedeutung und Kraft, je intensiver und glaubwürdiger sich Gesellschaften zur Gleichberechtigung aller Bürgerinnen und Bürger ihres Landes bekennen, unabhängig von Herkunft, Hautfarbe oder Religion.

Niemand sollte Angst haben müssen, Opfer von Freiheitsbeschränkung, Diskriminierung oder gar Verfolgung aufgrund von zugeschriebenen Gruppenmerkmalen zu werden. Es gilt daher, an einer Kultur der Grund- und Menschenrechte zu arbeiten, die alle gleichermaßen mit Rechten und Pflichten ausstattet, und diese zu stärken. Diese Kultur der Grund- und Menschenrechte darf nicht auf ethnischer oder religiöser Über- und Unterordnung fußen und Menschen alleine aufgrund ihres Geburtsortes, ihres Namens, ihrer Hautfarbe oder ihrer religiösen Herkunft in Menschen erster, zweiter und dritter Klasse einteilen.

Es gilt, ein Bewusstsein dafür zu schaffen, dass eine Gesellschaft, die auf Grund-, Sozial- und Menschenrechten fußt, die für alle gleichermaßen gültig sind, der einzige Weg zu einem nachhaltig friedlichen Zusammenleben ist.

Es braucht auch mehr Präzision bei der Beschreibung von gesellschaftlichen Problemen und deren Ursachen. Es gilt, der Lust zu widerstehen, Probleme automatisch und ohne weitere Überprüfung ethnisch oder religiös aufzuladen, nur weil das die einfachste und emotional berührendste Erklärung ist.

Darüber hinaus braucht es Angebote der Identität und der Zugehörigkeit für alle, die im Land leben. Es braucht Offenheit für gemischte und durchlässige Identitäten. Wir dürfen uns nicht vom Diskurs der Zugehörigkeitsräuber beherrschen lassen, die ethnische und religiöse Minderheiten von der gesellschaftlichen Zugehörigkeit ausschließen wollen und auf deren Gegenreaktionen hoffen, um im Anschluss Gräben weiter vertiefen zu können.

7. Gestaltet das System Demokratie nahe und transparent!

„Wir gegen das System" lautet die Trumpfkarte, auf die alle Populisten setzen. Damit diese Trumpfkarte nicht zu gut sticht, muss das politische System der Bevölkerung glaubhaft und in ausreichendem Ausmaß vermitteln, dass sie mitgestaltender Teil des Systems ist und nicht nur dessen ohnmächtiger Spielball.

Dazu braucht es ausreichende Mitbestimmungsmöglichkeiten, eine nicht zu große Ferne der gewählten Entscheidungsträger zur Bevölkerung sowie verstehbare und hinlänglich transparente Entscheidungswege.

Darüber hinaus sollten staatliche Einrichtungen Wissen darüber vermitteln, wofür Abgaben eingehoben und verwendet werden. Weiter braucht es die konsequente Bekämpfung von Korruption sowie durchlässige und veränderbare staatliche Machtstrukturen.

Das spricht einmal mehr gegen große Koalitionen. Denn diese vermitteln – nicht zu Unrecht – den Eindruck einer enormen Machtballung in den Händen der Großparteien. Zudem zeugen sie bei wiederholtem Auftreten von sich verfestigenden Machtstrukturen. Daher soll hier noch einmal die Empfehlung wiederholt werden, dass sowohl CDU/CSU als auch SPD ein Bekenntnis ablegen sollten, nach der kommenden Bundestagswahl keine Koalition miteinander zu bilden.

8. Spielt nicht dem Opfergehabe der Rechten in die Hände!

Die Selbstdarstellung als Opfer gehört zum fixen Repertoire der populistischen und extremen Rechten. Wichtig ist, es den Rechten nicht zu leicht zu machen, diese Kommunikationsstrategie erfolgreich einzusetzen. Dazu gehört als erster Schritt die Aufklärung über diese Kommunikationsstrategie und deren Ziel, eine Solidarisierung mit dem vermeintlichen Opfer zu erzeugen.

Darüber hinaus sind Fairness und Differenziertheit im Umgang mit Vertreterinnen und Vertretern der Rechten geboten. Insbesondere Journalistinnen und Journalisten sollten Nüchternheit bewahren und nicht in die Falle tappen, sich mit Vertretern der populistischen und extremen Rechten „duellieren“ und sie „auseinandernehmen“ zu wollen. Kritische Fragen sollten von Neugier und nicht von Kampfeslust getrieben sein. Eine vernünftige Aussage sollte nicht weggewischt werden, weil sie von rechts kommt, außer es gibt gute Gründe, der Aussage nicht zu trauen – dann sollten diese Gründe offengelegt werden. Und es gilt, hetzerische Äußerungen, die nicht von rechts kommen, nicht weniger scharf zu verurteilen als rechte Hetze.

Das Beispiel Österreich mit den unzähligen Diskussions- und Interviewauftritten von Haider, Strache & Co. hat gezeigt, dass Gespräche und Interviews mit und Berichte über Populisten und Extremisten eine besonders sorgfältige Vorbereitung und eine besondere Präzision bei Fragen und bei Zitierungen brauchen.

9. Beschäftigt euch mit Kommunikation!

Auch die größten Sporttalente haben in ihrem Bereich keine Chance, wenn sie nicht hart trainieren, an ihrer Technik feilen und von den Besten lernen. Das Gleiche gilt für das Feld der politischen Kommunikation. Die kommunikative Stärke der Rechten fußt oftmals auf der kommunikativen Schwäche und Untrainiertheit ihrer Gegnerinnen und Gegner.

Vertreterinnen und Vertreter der populistischen und extremen Rechten sind nicht unbedingt die talentiertesten Kommunikatoren, aber sie sind fast durchgehend trainierte Kommunikatoren, die genau wissen, wie sich markante Botschaften platzieren lassen und wie Täter-Opfer-Umkehr, Ablenkungsmanöver, Gegenattacken usw. funktionieren.

Dieser Trainingsvorsprung der Rechten muss von den anderen politischen Akteuren aufgeholt werden. Dabei geht es nicht um gleichgeschaltetes Auftreten oder die Übernahme populistischer Stilmittel, sondern um die Fähigkeit, überzeugend aufzutreten und erfolgreich zu argumentieren. Die typischen und ständig wiederkehrenden Muster rechtspopulistischer Kommunikation gilt es zu erkennen, um ihnen mit Gegenstrategien adäquat begegnen zu können.

Es braucht Politikerinnen und Politiker, die den populistischen und extremen Rechten rhetorisch gewachsen sind.

10. Schreibt und redet in einfacher, verständlicher Sprache!

Jede Kette ist so stark wie ihr schwächstes Glied. Wenn Politiker und Medien von möglichst vielen verstanden werden wollen, dann müssen sie so reden, dass auch Menschen mit geringem Vorwissen und geringen sprachlichen Fähigkeiten ihnen folgen können.

Donald Trump hat seinen erfolgreichen Wahlkampf mit extrem kurzen Sätzen, einfachen Slogans, einem langsamen Sprechtempo und stetigen Wiederholungen geführt. Die FPÖ setzt bereits seit vielen Jahren auf kurze Reime, bissige Provokationen und kopiert den Stil von Boulevardmedien.

Für Akademiker und Literaten mögen die von Populisten praktizierten Sprachvereinfachungen ein Gräuel sein, aber bei sehr vielen Menschen erzeugen sie das Gefühl, nicht sprachlich überfordert und abgehängt zu werden. Populisten passen sich ihrem jeweiligen Publikum an und können auch komplexer sprechen, wenn es zum Publikum passt. Aber wenn es um Auftritte vor einem Millionenpublikum geht, orientieren sie sich aus gutem Grund nicht an der akademischen Elite.

Die Zeit, in der eine fremdwortreiche, akademisch anmutende Sprache per se als politisch prestigeträchtig galt, ist vorbei. Einfachheit und Verständlichkeit zählen heute zu den wesentlichen Erfolgsfaktoren für politische Kommunikation.

11. Sprecht direkter zu den Menschen! Lasst manchmal auch ein Lob springen!

Populisten geben vielen Menschen das Gefühl, sie sprächen mit ihnen auf gleicher Augenhöhe. Sie schmeicheln ihrem Publikum, loben es, bezeichnen es als mündig und klug und duzen es in Wahlkampagnen. Das bringt oft Vorteile, denn wir alle erhalten gerne Anerkennung, werden gerne auf ein Podest gehoben und freuen uns, wenn uns jemand vermittelt, er würde sich für uns und unsere Anliegen interessieren.

Der Vorteil der direkten Ansprache und des Lobes sollte nicht länger den Populisten und Extremisten überlassen werden. Die bevölkerungsnahen Kommunikationsformen der Rechten vermitteln ein Liebesversprechen und Wärme an die „Wir-Gruppe“, bei gleichzeitiger Verachtung und eisiger Kälte gegenüber der „Gruppe der Anderen“. Dieser Art der Ansprache gilt es bevölkerungsnahe Kommunikationsformen entgegenzusetzen, die auf Herzlichkeit, Respekt und Interesse für die gesamte Bevölkerung beruhen.

12. Stellt skeptische Menschen nicht ins Eck! Und seid nicht überheblich!

Wer Populismus und Extremismus erfolgreich bekämpfen will, darf Personen, die verunsichert, ängstlich oder einfach nur skeptisch gegenüber aktuellen Entwicklungen sind, nicht mit Leuten in einen Topf werfen, die hassdurchtränkt sind und es als ihre Mission sehen, auch andere zum Hass anzustacheln.

Gegenüber Personen, die Hass und Menschenfeindlichkeit vertreten, braucht es ein entschiedenes Auftreten. Mit verunsicherten und skeptischen Menschen gilt es hingegen ins Gespräch zu kommen. Ziel muss es sein, möglichst viele Menschen aus den Fängen der populistischen und extremen Rechten herauszulösen – es darf nicht darum gehen, möglichst viele mit ihnen zu vermengen.

Dazu gehört auch, nicht in die Überheblichkeitsfalle zu tappen. Es gilt, der Verlockung zu widerstehen, sich etwa über Rechtschreibfehler in Aussendungen oder auf Plakaten der Rechten lustig zu machen oder sie und ihre Anhängerschaft als dumm herunterzumachen und zu verspotten. Wer die Rechten und die, die sie wählen, als dumm bezeichnet, handelt dumm.

Denn die Rechte lebt genau von diesem Spott. Sie weiß ihn zu benutzen. Er verschafft ihr Aufmerksamkeit, bringt ihr Solidarität und spielt ihrer Strategie der Selbstdarstellung als Opfer und als Teil der „einfachen Leute“ in die Hände. Der Spott untermauert ihre Behauptung, ständig von „denen da oben“ schlecht behandelt und abgewertet zu werden.

13. Sprecht Probleme offensiv, differenziert und lösungsorientiert an!

Gesellschaftliche, soziale, wirtschaftliche und politische Probleme müssen offen benannt und diskutiert werden. Wo es Verunsicherung gibt, wo es negative Entwicklungen und negative Ereignisse gibt, muss das klar ausgesprochen werden. Man darf sich niemals in die Falle locken lassen, Probleme und negative Vorfälle zu verschweigen, aus Angst, sie könnten von Rechten instrumentalisiert werden.

Es gehört mit zum Geschäftsmodell von rechten Populisten und Extremisten, Verbrechensfälle auszuschlachten und zur Aufwiegelung zu benutzen. Sie wissen, dass ein einziger Verbrechensfall eine gut ausfallende Kriminalstatistik in den Hintergrund drängen kann und dass eine Verbrechensserie auch die allerbeste Statistik schlägt. Negative Ereignisse sind ein Stoff, der auch in guten Zeiten niemals ausgeht.

Die populistische und extreme Rechte ist daher ständig auf der Lauer nach Vorkommnissen, die in ihr Feindbildschema passen und die sie verallgemeinern können. Es soll der Eindruck entstehen, als stünde jeder Fall für unzählige gleich gelagerte Fälle und für die tagtägliche Normalität. Jedes Verbrechen, das von einer Person begangen wird, die ethnisch und religiös „passend" zuordenbar ist, dient den Rechten als schlagender Beweis für die Richtigkeit gruppenbezogener Menschenfeindlichkeit.

Es braucht Bewusstsein für dieses Geschäftsmodell der Rechten. Wir müssen uns wappnen gegen den Missbrauch unserer Emotionen. Besonders anfällig dafür sind wir in Ausnahmesituationen, die uns tief erschüttern – etwa nach einem Terroranschlag. Die Wut nach einem solchen schrecklichen Verbrechen ist nur allzu verständlich, ebenso die Suche nach Schuldigen und das Verlangen nach Konsequenzen. Doch sollte sich unsere Wut niemals gegen Unschuldige richten, niemals in Sippenhaft, in Hass auf vermeintliche Kollektive und damit in gruppenbezogene Menschenfeindlichkeit münden.

Wir sollten uns darauf vorbereiten, die schwere Prüfung zu meistern, in emotional aufgeladenen Situationen richtig zu reagieren und uns nicht aufwiegeln zu lassen.

14. Lasst Rechtsextreme nicht in hohe Ämter!

Neben der Kritik an rechten Äußerungen, wenn diese eine massive Grenzverletzung darstellen, ist es wichtig, entschieden gegen das Vordringen von Rechtsextremen in Machtpositionen aufzutreten. Dass Rechtsextreme in politische Ämter gelangen, sollte genauso wenig als Normalität hingenommen werden wie das Fußfassen von rechtsextremistischen Ideologieelementen in der politischen Mitte.

Entscheidend ist, bereits vorbeugend gegen Tendenzen in Richtung einer Normalisierung des Rechtsextremismus zu handeln. In der Bildung und im öffentlichen Diskurs muss eine aktive Auseinandersetzung mit Themen und Begriffen stattfinden, die Rechte neu besetzen und normalisieren wollen. Denn wer beispielsweise die Bedeutung und den Kontext des Begriffs „völkisch“ kennt, wird sich weniger leicht durch Normalisierungsversuche in die Irre führen lassen.

Aufklärungs- und Bewusstseinsarbeit, die unabhängig von rechten Provokationen stattfindet, hat darüber hinaus den Vorteil, dass damit der Sache Aufmerksamkeit zukommt und nicht den Akteuren der Rechten.

Neben Vorbeugung ist auch Differenzierung angebracht. Parteien und Bewegungen der extremen Rechten sollten nicht verharmlost, aber auch nicht pauschal dämonisiert werden. Innerhalb solcher Parteien und Bewegungen lassen sich meist unterschiedliche Strömungen finden. In Österreich gibt es in der FPÖ nicht nur ideologisierte Hassprediger, sondern auch Personen, die eine konstruktive, wenn auch nationalistisch eingefärbte Politik machen wollen. Mit diesen Personen kann man ins Gespräch kommen. Diese Personen kann man manchmal auch dazu anregen, Kritik an rassistischen Aussagen ihrer Parteikolleginnen und Parteikollegen zu üben, und manchmal kann man sie auch zum Austritt aus ihrer bisherigen Partei bewegen.

15. Tut nicht so, als wären Rassismus und Nationalismus nur noch Randerscheinungen!

Die politische Arbeit von Populisten und Extremisten besteht zu einem Gutteil darin, systematisch eine Haltung zu pflegen, die der in Bielefeld tätige Sozialforscher Wilhelm Heitmeyer „gruppenbezogene Menschenfeindlichkeit“ nennt.

Der Begriff steht für Ideologien, die auf zwei miteinander verbundenen Annahmen fußen: erstens, dass es voneinander klar abgegrenzte Menschengruppen gibt, und zweitens, dass diese Gruppen nicht gleichwertig sind und nicht den gleichen Schutz ihrer Unversehrtheit verdienen.

Zwölf Elemente von gruppenbezogener Menschenfeindlichkeit hat die Forschungsgruppe rund um Heitmeyer untersucht: Rassismus, Antisemitismus, Fremdenfeindlichkeit, Etabliertenvorrechte, Abwertung von Obdachlosen und Menschen mit Behinderung, Homophobie, Muslimenfeindlichkeit, Sexismus, Abwertung von Langzeitarbeitslosen, Abwertung von Asylbewerbern und die Abwertung von Sinti und Roma. Diese zwölf Elemente hängen oftmals eng miteinander zusammen. Das heißt, vielfach werden Vorurteile gegen gleich mehrere dieser Gruppen bedient.

Die Bielefelder Forscher sprechen im Zusammenhang mit gruppenbezogener Menschenfeindlichkeit von einer „Vergiftung der Atmosphäre". Ziel derjenigen, die eine solche „Vergiftung" betreiben, sei es, unterschwellig vorhandene menschenfeindliche Einstellungen zu mobilisieren.

Die Gesellschaft muss sich der Tatsache stellen, dass gruppenbezogene Menschenfeindlichkeit nach wie vor vielfach vorhanden und auch mobilisierbar ist. Es braucht antirassistische und antinationalistische Bildung und Aufklärung. Zugleich braucht es einen differenzierten Diskurs, der weder leichtfertig Rassismus und Nationalismus vorwirft noch leichtfertig die Rolle verleugnet, die rassistisches und nationalistisches Denken heute noch und heute wieder vermehrt spielt.

Wir müssen uns damit beschäftigen, dass das Hinterfragen und Verlernen von Rassismus und anderen Elementen gruppenbezogener Menschenfeindlichkeit nicht immer angenehm ist – und dass wir, wenn wir mit Vorurteilen sozialisiert wurden, anfällig dafür sind, uns denen nahe zu fühlen, die unsere Sozialisation wieder reaktivieren wollen.

Es ist wichtig, sich mit den Mechanismen und sozialen wie emotionalen Bedürfnissen auseinanderzusetzen, die hinter gruppenbezogener Menschenfeindlichkeit liegen. Und es gilt, die Scheinlösungen, die Rassismus und Nationalismus versprechen, und die Probleme, die Rassismus und Nationalismus schaffen, offen zu thematisieren.

16. Betreibt Demokratiebildung und schafft Bewusstsein für Stärken und Schwächen von direkten Volksentscheiden!

Demokratie ist kein Selbstläufer. An Demokratie muss gearbeitet werden. Um Demokratie müssen wir kämpfen. Für Demokratie muss immer wieder Bewusstsein erzeugt werden. Das sollte im Bildungsbereich anfangen, aber sich nicht nur auf die Arbeit mit Kindern und Jugendlichen beschränken. Es braucht auch darüber hinausgehende wiederkehrende Demokratiebewusstseins-Initiativen, die sich an die gesamte Bevölkerung richten.

Die Ansprüche an Demokratien haben sich teilweise verändert. Transparente Entscheidungsstrukturen, die Nähe zu Entscheidungsträgern und die Möglichkeit der Beteiligung sind heute mehr gefragt denn je. Dem sollten demokratische Systeme Rechnung tragen.

Es braucht Bewusstsein dafür, was eine funktionierende Demokratie ausmacht und welche Stärken und Schwächen repräsentative Entscheidungsformen und direkte Volksentscheide haben. Darüber hinaus braucht es Bewusstsein dafür, dass Grund- und Menschenrechte, die auch Minderheiten sowohl in die Pflicht nehmen als auch schützen, Fundamente einer funktionierenden Demokratie sind. Diese Fundamente sind zu Recht davor geschützt, mittels einfachen Mehrheitsentscheids ausgehebelt zu werden.

17. Erzeugt Bewusstsein für das Geschäftsmodell „Untergang“! Und schafft positive Zukunftsszenarien!

Apokalyptische Bilder und Untergangsszenarien spielen für die Kommunikation populistischer und extremistischer Gruppierungen eine tragende Rolle. Diese Gruppierungen gewinnen dann Oberwasser, wenn es ihnen gelingt, Menschen in Angst und Unruhe zu versetzen. Beunruhigung ist die

Grundlage dafür, dass sie erfolgreich Frontenbildung betreiben und mit dem Finger auf Feindbildgruppen zeigen können, die es zu bekämpfen und aus der Gesellschaft auszuschließen gilt.

Wie bereits angesprochen, ist es wichtig, gesellschaftliche, soziale, wirtschaftliche und politische Probleme offen zu benennen. Ebenso wichtig ist es jedoch, dass nicht nur über negative Ereignisse und Extremfälle, sondern auch über die gesellschaftliche Normalität und über positive Entwicklungen gesprochen wird. Darüber hinaus muss die Politik Rahmenbedingungen für positive Zukunftsszenarien schaffen, die Mut machen, Hoffnung geben und Perspektiven erzeugen.

Gerade in Zeiten, in denen negative Ereignisse und Entwicklungen prägend sind, braucht es auch ein verstärktes Bewusstsein für Relationen und das nötige Augenmaß. Nicht jedes Problem, nicht jede negative Entwicklung und nicht jede Konfliktsituation führt in den „Untergang".

Untergangsstimmung kann zu einer sich selbst erfüllenden Prophezeiung werden – insbesondere dann, wenn sie radikale, gewaltbereite Kräfte stärkt und dazu führt, dass diese Kräfte an die Macht gelassen werden.

18. Thematisiert nationalistischen Egoismus! Analysiert rechte Lösungsvorschläge nüchtern und präsentiert eigene Lösungen!

Lösungsvorschläge der populistischen und extremen Rechten sollten, wo sie keine massive Grenzverletzung in Richtung Menschenfeindlichkeit darstellen, nüchtern analysiert werden. Oft werden nationalistischer Egoismus, Selbstisolation und die Entrechtung von als „fremd“ definierten Menschen von der Rechten als „Lösung“ angeboten. Es gilt, über die Konsequenzen von nationalistischer Separation und Isolation aufzuklären. Es gilt auch, klar auszusprechen, dass es in Einwanderungsländern keine klare Grenzlinie zwischen „den Inländern“ und „den Ausländern“ gibt. Vielmehr handelt es sich bei Personen mit unterschiedlichen Staatsbürgerschaften und Lebensbiographien oftmals um Beziehungspartner, Familienmitglieder, Freundinnen und Freunde, Schul- und Arbeitskollegen, Nachbarn usw.

Die wichtigste Waffe gegen nationalistischen Egoismus ist ein ausreichendes Maß an Solidarität. Denn Gesellschaften, die sich in Richtung Entsolidarisierung bewegen, bieten den idealen Nährboden für „Lösungen“, die auf das nationalistische und rassistische Auseinanderdividieren und Hierarchisieren von Menschen setzen.

Darüber hinaus ist es wichtig, eigene Lösungsvorschläge zu entwickeln, die nicht auf Frontenbildung beruhen, sondern auf Kooperation und gemeinsamen Errungenschaften. Und es gilt, klar zu sagen, wenn es für Probleme und Entwicklungen keine rasche, einfache, allumfassende Lösung gibt.

19. Verdammt Politik nicht in Bausch und Bogen!

Es ist paradox: Durch den zunehmenden Vertrauensverlust in die Politik haben es diejenigen politischen Kräfte leichter, die tatsächlich Vertrauen missbrauchen. Das schlechte Image „der Politik" insgesamt verhindert, dass klar differenziert wird zwischen Politikern, die versuchen, einen anständigen Job zu machen, und Politikern, die keinerlei Skrupel kennen, zu lügen, zu verleumden, zu hetzen und nur zum eigenen Vorteil zu handeln.

Die österreichische Justiz ist heute noch immer damit beschäftigt, die zahlreichen Korruptionsfälle aufzuarbeiten, die sich innerhalb der ÖVP-FPÖ-Regierung und in ihrem Umfeld Anfang der 2000er Jahre abgespielt haben. Es hat sich gezeigt, dass Politiker, die ohne Skrupel hetzen, oftmals auch keine Skrupel haben, korrupt zu handeln und in die eigene Tasche zu wirtschaften.

Wer Politikern, die skrupellos und verkommen handeln, schaden will, muss damit aufhören, die gesamte Politik als gleichermaßen skrupellos und verkommen darzustellen. Wir alle und insbesondere die Medien müssen mehr als bisher darauf achten, dort Kritik an der Politik zu üben, wo es konkrete Verfehlungen gibt, aber eben nicht alle Politiker in einen Topf zu werfen.

Wir dürfen keine Gleichmacherei von Handlungsweisen und Akteuren zulassen, die nicht gleich sind, denn sonst nutzen wir der populistischen und extremen Rechten.

20. Setzt auf die Kraft positiver Handlungen und stärkt eine Kultur der Offenheit!

Positive Handlungen können eine enorme Kraft entwickeln. Es war kein Zufall, dass die FPÖ in den Monaten der offenen Grenzen und der sogenannten Willkommenskultur in den Umfragen nicht zulegen konnte. Für einige Wochen wurde es sehr still um die Rechte in Österreich. Die positiven Handlungen Tausender Menschen gegenüber Hilfsbedürftigen zogen nahezu alle Aufmerksamkeit auf sich. Diese Macht positiver Handlungen, Aufmerksamkeit zu erregen, Optimismus zu erzeugen, Menschen einander näher zu bringen und zu helfen, sollte genutzt werden.

Daher sollte sich die Politik nicht dazu hinreißen lassen, positive Handlungen zu diskreditieren und abzuqualifizieren. Hilfsbereiten, solidarischen Menschen sollte, ganz im Gegenteil, der Rücken gestärkt werden. Diese Menschen sollten als Vorbilder vor den Vorhang geholt werden.

Positive Handlungen sind machtvoll, faszinierend und oftmals ansteckend. Positive Handlungen sind auch der Grundstein für eine Kultur der Offenheit, der Begegnung und des Dialoges. Dies gilt es durch Begegnungs- und Dialogräume zu unterstützen, in denen gesellschaftliche Grenzen überwunden und Milieus durchmischt werden können.

Auch wenn der Begriff „Willkommenskultur" für viele inzwischen zu einem Unwort verkommen ist, weil er von rechter Seite erfolgreich diskreditiert und mit „Naivität" und „Chaos" gleichgesetzt wurde, braucht es dennoch die Fortsetzung einer Kultur der Menschlichkeit, Solidarität, Freiheit, Hilfsbereitschaft und Gleichberechtigung – und zwar in Bezug auf alle Menschen, nicht nur in Bezug auf Geflüchtete.

Abschlussbemerkung

Weder die von mir angeführten 20 Erfolgsfaktoren der populistischen und extremen Rechten noch die 20 Handlungsempfehlungen, um die Rechten einzubremsen, erheben Anspruch auf Vollständigkeit. Sie decken jenes Spektrum ab, in dem ich Beobachtungen und Erfahrungen sammeln konnte.

Mir ist es ein Anliegen, dass sich in Deutschland nicht die gleichen Fehler wiederholen, die den Aufstieg der Rechten in Österreich möglich gemacht und verfestigt haben. Vielleicht kann der eine oder andere Gedankenanstoß von mir dazu einen Beitrag leisten.

Während ich dieses Buch verfasst habe, hat sich politisch einiges bewegt, in der Welt, in Europa, aber auch in Österreich. In Österreich sind die beiden Regierungsparteien SPÖ und ÖVP inzwischen dazu übergegangen, offensiv populistische Stilelemente der FPÖ zu kopieren und rechte Themen und Positionen zu kapern. Nahezu im Wochentakt werden Vorschläge für Verschärfungen im Asylbereich, Kopftuchverbote, neue Strafrechtsbestimmungen, Einschränkungen des Versammlungsrechts, Kürzungen sozialer Unterstützungsleistungen usw. lanciert.

Durch dieses Feuerwerk an Aktivität vonseiten der Zentrumsparteien ist die Aufmerksamkeitsmaschinerie der FPÖ etwas in den Hintergrund gedrängt worden. Darüber hinaus verfügen die beiden Zentrumsparteien inzwischen jeweils über einen Politiker mit Starcharakter, Bundeskanzler Christian Kern in der SPÖ und Außenminister Sebastian Kurz in der ÖVP. Kern und Kurz führen einen Wettkampf um die Aufmerksamkeit der Öffentlichkeit und um den Status des größten und unverbrauchtesten Machers. Die FPÖ sank zuletzt etwas in den Umfragen und verlor erstmals nach zwei Jahren ihre Spitzenposition. Doch nachhaltig ist diese Strategie von SPÖ und ÖVP nicht. Sie laufen mit ihrem hektischen Treiben und der Übernahme rechter Positionen Gefahr, den Boden für einen weiteren Rechtsruck in Österreich aufzubereiten.

So sehr ich Deutschland empfehle, nach der Bundestagswahl keine weitere große Koalition zu bilden, so düster sind die Alternativen zur großen Koalition in Österreich. Viel zu lange haben sich die beiden Zentrumsparteien aneinander gebunden und damit einen wichtigen Grundstein für den Aufstieg der FPÖ in den 80er und 90er Jahren und ihren Wiederaufstieg nach der Parteispaltung im Jahr 2005 gelegt.

In Österreich neigt sich die Zeit der Regierungskoalition bestehend aus SPÖ und ÖVP wohl dem Ende zu. Die Vertreter der extremen Rechten scharren bereits in den Startlöchern, um nach den nächsten Wahlen Ministerämter zu übernehmen und ihr zerstörerisches Programm des radikalen Nationalismus, der sozialen Spaltung und der gruppenbezogenen Menschenfeindlichkeit umzusetzen. Deutschland muss aus den gefährlichen Fehlern, die in Österreich gemacht wurden, lernen. Möglichst rasch.